Karl Ernst Nipkow,
Erwachsenwerden ohne Gott?

Karl Ernst Nipkow

Erwachsenwerden ohne Gott?

Gotteserfahrung im Lebenslauf

Chr. Kaiser

CIP-Kurztitelaufnahme der Deutschen Bibliothek

Nipkow, Karl Ernst:
Erwachsenwerden ohne Gott?: Gotteserfahrung im Lebenslauf / Karl Ernst Nipkow. – München: Kaiser, 1988. 2. Auflage
(Kaiser-Taschenbücher, 6)
ISBN 3-459-01672-8
ISSN 0931-7732
NE: GT

Umschlag: Ingeborg Geith, München.

Satz: Buch- und Offsetdruckerei Sommer, Feuchtwangen.
Druck und Bindung: Clausen & Bosse, Leck

Vorwort

Religion wird meist mit religiösen Institutionen, hierzulande mit den christlichen Kirchen in Verbindung gebracht. Je nachdem, welchen Raum ihr die einzelnen Gesellschaftsordnungen zubilligen, spielt sie ferner eine mehr oder weniger große gesellschaftliche Rolle. Am unmittelbarsten wird sie jedoch als Moment des eigenen Lebens erfahren – im Lebenslauf. Die folgende Studie gehört in den Umkreis auch noch anderer Arbeiten aus den 80er Jahren, in denen ich versucht habe, der lebensgeschichtlichen Perspektive in Theologie und Religionspädagogik die Aufmerksamkeit zu schenken, die ihr gebührt, ohne die zuvor genannten zu vernachlässigen.

Wenn man den Lebenslauf im ganzen vergegenwärtigt und die Erwachsenen einschließt, stellen sich die pädagogischen Aufgaben neu. Sie übergreifen nun alle Generationen und lassen sich nicht mehr nur als Probleme verstehen, die wir Erwachsenen mit Kindern und Jugendlichen haben. Wir sehen uns jetzt nach uns selbst gefragt. In dieser Hinsicht fügt sich die hier veröffentlichte Abhandlung in die seit einigen Jahren vorgenommene Umformulierung der christlichen Erziehungsaufgabe in einen Entwurf gemeinsamen Suchens und Lernens zwischen den Generationen.

Erstmals soll dabei im folgenden konzentriert der schweren Frage nach Gott nachgegangen werden, in der nicht nur wir nach Gott fragen, sondern mehr noch Gott nach uns. Ich bin den niedersächsischen Religionslehrern dankbar, die mich im Herbst 1984 zu diesem Thema nach Hannover einluden. Es war für sie immer mehr ein brennendes Problem geworden. Viele Schüler ließen durchblicken, man könne gut und gern auch ohne Gott erwachsen werden. Wie sehr dies Thema junge und alte Menschen aufrührt, ist mir in den zwei Jahren

seitdem an den vielen Orten in der Bundesrepublik und im Ausland deutlich geworden, an denen ich meine Untersuchungsergebnisse und Antworten vortragen und zur Diskussion stellen durfte.
Auf dem Wege zu diesem Büchlein ist eine Vorfassung zu erwähnen, die vom Pädagogisch-Theologischen Zentrum der württembergischen Landeskirche unter demselben Titel in Heft 3 der »Birkacher Beiträge zu einer evangelischen Pädagogik« als Hausveröffentlichung 1986 herausgebracht worden ist. Zu der empirischen Untersuchung, die in das Kapitel über die Jugendzeit eingegangen ist, vergleiche man ferner meinen Vortrag »Die Gottesfrage bei Jugendlichen. Auswertung einer empirischen Umfrage« auf dem internationalen Symposion, das Ulrich Nembach im Mai 1986 in Göttingen veranstaltet hat [s. U. Nembach (Hg.), Jugend und Religion in Europa, Frankfurt/M. und Bern 1987].
Für Anregungen habe ich vielen zu danken, für kritische Begleitung besonders meinem Mitarbeiter Dr. Friedrich Schweitzer, Th. M., für die Ermutigung zur Veröffentlichung und ihre Verwirklichung dem Lektor des Chr. Kaiser Verlags, Herrn Wolfgang Roehl, für die Einsicht in die Bedeutung des Themas den jungen Leuten, mit denen ich über ihre Texte und mündlich ins Gespräch gekommen bin. Mit ihren oft schonungslosen, elementaren Fragen bringen sie die Situation der christlichen Religion heute in der Gottesfrage gleichsam ›auf den Punkt‹ – auf den wahren Mittelpunkt.

Tübingen, am Reformationsfest 1986. *Karl Ernst Nipkow*

Inhalt

I Thema: Gott

1. Die Frage nach Gott

Erwachsenwerden mit Gott oder ohne Gott? Für viele Menschen versammelt sich in unserer Zeit in dieser Frage der Rest der Religion oder, positiver, der übriggebliebene Kern der Religion. Wie sich zeigen wird, bringen besonders Jugendliche mit wenigen elementaren Erwartungen an Gott und der Hoffnung auf klare Antworten die Gottesfrage gleichsam ›auf den Punkt‹. Das Thema »Gott« als solches treibt noch um, nicht jedoch die Auslegung der Rede von Gott in den kirchlichen Lehren. Für viele ist die Gottesfrage von der biblisch-christlichen Überlieferung abgekoppelt: Sie fragen noch nach Gott, aber die christlichen Antworten fallen ihnen nicht mehr ein. Die Gottesfrage nähert sich einer *nachchristlichen Situation*.

Der Vorgang ist zwiespältig zu beurteilen. Von der Fülle der Themen christlicher Theologie her betrachtet, vollzieht sich eine fragwürdige Verkürzung. Von dem her gesehen, was letztlich wichtig bleibt, ist der Vorgang eine herausfordernde Konzentration. Wenn man vor der Gottesfrage steht, kann man nicht auf Nebensächliches ausweichen. Geht es um den Lebenslauf im ganzen, können sich die Erwachsenen nicht ausklammern. Eine an allen Lebensaltern orientierte Religionspädagogik zielt auf ein gemeinsames Leben- und Glaubenlernen zwischen den Generationen.[1] In der Gottesfrage könnten die Generationen unerwartet zusammenfinden, denn hier scheinen die Zweifel und Nöte für jung und alt ähnlich zu sein.

1 Vgl. *K. E. Nipkow*, Grundfragen der Religionspädagogik, Bd. III: Gemeinsam leben und glauben lernen, Gütersloh 1982 (GTB 756).

Erwachsenwerden mit Gott oder ohne Gott? Nach Berichten von Religionslehrern sollen nicht wenige Schüler der Ansicht sein, zum Erwachsenwerden gehöre für sie, den Gott ihres Kinderglaubens, wenn nicht Gott überhaupt, hinter sich zu lassen. Auch unsere Befunde bestätigen dies. Aber denken wirklich alle jungen Menschen so? Und kann man Gott so ohne weiteres aus seinem Leben verabschieden? Läßt sich die Gottesfrage wie eine nicht mehr passende Kinderkleidung ablegen? Es wird überraschen, zu sehen, wieviele Jugendliche noch an der Gottesfrage hängen, oft freilich in stiller Verzweiflung. Sie bleibt eine Frage unter der Oberfläche, ›im Untergrund‹, ein Gegenstand meist nicht recht eingestandener Zweifel.

Vor Beginn einer umfänglichen Befragung württembergischer Berufsschüler im Religionsunterricht im Winter 1982/1983 glaubten viele Religionslehrer nicht, daß ausgerechnet zur Gottesproblematik etwas herauskommen würde. Anschließend waren alle überrascht und erstaunt über das, was sichtbar wurde und was im normalen Unterricht anscheinend verdeckt geblieben war.[2] Andere neuere Befunde bestätigen, »daß viele Jugendliche Religion als relevantes Thema betrachten. Sie machen sich Gedanken darüber, und zwar auch dann, wenn sie die Religion verwerfen«, so der Eindruck aus einer ebenfalls qualitativen Analyse schriftlicher Äußerungen Jugendlicher im Rahmen der Generationenstudie »Jugendliche und Erwachsene '85« (erhoben 1983)[3]. Ein ähnliches Bild zeigt sich in dieser Studie auch hinsichtlich der Tendenz, die Gottesfrage von ihrem christlichen Kontext und kirchlichen Umfeld zu lösen.

2 Vgl. *R. Schuster* (Hg.), Was sie glauben. Texte von Jugendlichen, Stuttgart 1984.

3 *W. Sziegaud-Roos*, Religiöse Vorstellungen von Jugendlichen, in: I. Behnken (Red.), Jugend in Selbstbildern, hg. v. Jugendwerk der Dt. Shell, Leverkusen 1985, S. 384 (A. Fischer et al., Jugendliche und Erwachsene '85: Generationen im Vergleich, Bd. 4).

»Für die Religiosität der Jugendlichen scheint die zentrale Gestalt des Christentums keine große Bedeutung zu haben. Jesus wird in den Beiträgen kaum erwähnt. Dagegen befassen sich die Jugendlichen mit der Frage nach Gott. In den meisten Zuschriften mit religiösem Inhalt ist von Gott die Rede«[4].
Wenn man sie in geeigneter Weise einlädt, sprechen Jugendliche über ihr Gottesverhältnis. In der Regel scheinen sie jedoch das meiste für sich zu behalten, und sie müssen mit ihren Schwierigkeiten allein fertig werden. Ich habe bei meiner Auswertung der zahlreichen Äußerungen in den Texten aus Württemberg denselben Eindruck gewonnen, wie er bei der bundesweiten Jugendstudie entstanden ist, nämlich »daß die Jugendlichen relativ wenig Unterstützung von außen bei ihrer Auseinandersetzung mit der Religion bekommen«[5]. Sie scheinen nur »mit wenigen Menschen in einem Gespräch über ihren Glauben« zu stehen (ebd.).
Woran liegt es, daß über ihn nur schwer gesprochen werden kann? Warum haben wir oft gar kein oder nur ein schiefes Bild über das Gottesverhältnis anderer?
Religion gehört zum einen nicht zur Alltagssprache. »Wir haben Angst davor«, so Dorothee Sölle, »unsere eigenen Erfahrungen auszusprechen, und vor allem haben wir Angst, die wichtigste Sprache menschlicher Erfahrung, die religiöse Sprache, zu gebrauchen. Lieber verleugnen und verdrängen wir uns selber und vervielfachen die eigene Sprachlosigkeit, als daß wir uns ausgerechnet von der Religion ›das Hemd ausziehen‹ ließen«[6].
Die religiöse Lebenslinie hat ferner an der allgemeinen Selbstverborgenheit des Menschen teil, an der Unkenntnis des einzelnen über sich selbst. Vieles entgeht dem eigenen Blick, weil man sich nur selten auf sich selbst besinnt und auch dann noch

4 A.a.O., S. 385.
5 A.a.O., S. 386.
6 *D. Sölle*, Die Hinreise, Stuttgart ³1976, S. 39.

vieles unbewußt bleibt. Erst recht entzieht es sich dem Einblick Dritter. Der amerikanische Religionspädagoge Henry C. Simmons hat das Erwachsenenleben eine Zeit der »stillen Reise« genannt und von den Jahren zwischen 30 und 60 als den »vergessenen Jahren« gesprochen.[7] Besonders auf der Höhe der eigenen Kräfte nehmen einen die Pflichten und Geschäfte so in Anspruch, daß man auf seine inneren Stimmen kaum mehr hört. Für seinen Landsmann, den Lebenslaufforscher Daniel J. Levinson, ist darüber hinaus das Leben der Erwachsenen im ganzen noch geradezu eine terra incognita: »Die konkrete Beschaffenheit des Erwachsenenlebens ... (gehört) zu den am besten gehüteten Geheimnissen in unserer Gesellschaft und wahrscheinlich in der Menschheitsgeschichte überhaupt«[8].

Die Gottesbeziehung kann schließlich sehr früh durch leichtsinniges Verhalten der Eltern oder anderer Erwachsener zerstört werden. »Ich erinnere mich«, so berichtet rückschauend eine 64jährige Engländerin, »wie ich im Alter von fünf Jahren auf dem Schoß meiner Mutter saß, während sie mir liebevoll erklärte, daß die Vorstellung von Gott eine sehr schöne, dichterische Art und Weise sei, Dinge zu erklären, aber eben nur wie im Märchen. Ich war tief verwirrt über ihre, wie mir schien, abgrundtiefe Blindheit und Ignoranz, und ich bedauerte sie«[9]. Darf es verwundern, wenn sich solche Kinder ganz in sich zurückziehen und nicht wenige darüber Gottvertrauen und Gottesglauben verlieren?

7 *H. C. Simmons*, The Quiet Journey: Psychological Development and Religious Growth from Ages Thirty to Sixty, in: Religious Education LXXI (1976), S. 132ff.

8 *D. J. Levinson*, Das Leben des Mannes. Werdenskrisen, Wendepunkte, Entwicklungschancen, Köln 1979, S. 9 (amerikanisch: The Seasons of a Man's Life, New York 1978).

9 Zit. n. *E. Robinson*, The Original Vision. A Study of the Religious Experience of Childhood, Oxford: The Religious Experience Research Unit, Manchester College 1977, S. 69 (Übersetzung v. Verf.).

2. Wege der Annäherung

Wie kann man sich der Gottesfrage oder gar der Gotteserfahrung angemessen nähern? Über Religion wird in unseren Tagen viel nachgedacht, geredet und veröffentlicht, aber oft mit Hilfe von Fragestellungen, die zwar einiges scharf vor Augen führen, anderes dagegen nur noch vage oder gar nicht mehr. Die Frage nach Gott und die elementaren Grunderwartungen an ihn sind nur selten im Blick, weil erstens oft schon die *Fragestellungen* und die sich daraus ergebenden *Leitvorstellungen* die Sicht versperren.

Kirchensoziologische Untersuchungen beispielsweise befassen sich zu Recht unter anderem mit der Frage, wie aus einer »zugeschriebenen« eine »erworbene« Mitgliedschaft werden kann, d.h. aus einer gewohnheitsmäßig übernommenen Rolle eine Teilnahme am Leben und Glauben der Kirche aus eigener Überlegung und Entscheidung. Die Gottesbeziehung ist jedoch hierbei schwierig zu erfassen.

Religionssoziologische Analysen fragen nach den geschichtlich-gesellschaftlich bedingten Veränderungen von Religion und stellen fest, daß Individualisierung und Pluralisierung fortschreiten: Immer mehr Menschen legen sich ihre Religion, wenn überhaupt, dann sehr persönlich nach ihren Bedürfnissen zurecht. Kein Wert wird in unserer Gesellschaft so heilig gehalten wie der der »persönlichen Bewegungs- und Entscheidungsfreiheit«[10].

Es ist darum verständlich, daß auch viele Religionspädagogen die religiöse Frage im Zusammenhang mit der Frage danach untersuchen, wie der einzelne sich selbst findet und sein Gleichgewicht durch Krisen und Entwicklungen hindurch bewahrt oder neu gewinnt. Der geläufig gewordene Begriff

10 *G. Schmidtchen*, Was den Deutschen heilig ist. Religiöse und politische Strömungen in der Bundesrepublik Deutschland, München 1977, S. 64.

hierfür ist der Begriff der *»Identität«* bzw. *»Ich-Identität«*. Man kann viele Gründe dafür angeben, daß nach der Epoche der europäischen Aufklärung das Gottesproblem nicht ohne das Interesse am Menschen als selbständigem Subjekt erörtert werden kann und hierfür eine nicht-theologische Kategorie zur Leitkategorie gewählt wird. Dennoch soll dieser Weg nicht gegangen werden.

Die Glaubensgeschichte von Menschen sei der Leitvorstellung der Identität weder zu- noch gar untergeordnet.[11] Es sei überhaupt vermieden, den Lebensweg mit oder ohne Gott von einer einzigen Leitidee her zu betrachten. »Lebensbegleitende Identitätshilfe« kann nur eine von mehreren Grundaufgaben des Religionspädagogen sein. Es fällt schwer, auch die Erschließung des Wahrheitsanspruchs der biblisch-christlichen Tradition, die Einführung in die Verantwortung für die ethischen und politischen Folgen des christlichen Glaubens

11 Aus der gründlichen sachkritischen Untersuchung von *F. Schweitzer*, Identität und Erziehung. Was kann der Identitätsbegriff für die Pädagogik leisten? Weinheim/Basel 1985 folgt, »daß die Pädagogik ebensowenig auf den Identitätsbegriff verzichten kann wie es ihr zugleich unmöglich ist, sich bei ihrer Theoriebildung von diesem Begriff leiten zu lassen« (S. 110, im Original kursiv). »Der Identitätsbegriff ist für die Pädagogik unentbehrlich, weil er Probleme bezeichnet, mit denen vor allem Jugendliche in der modernen Gesellschaft häufig zu kämpfen haben. Andererseits lassen sich diese Probleme als Identitätsprobleme nicht zureichend verstehen ... Der Identitätsbegriff beleuchtet nur den Aspekt von Individuation und Ablösung – Bindung, Zugehörigkeit und Verantwortung dagegen kommen nicht in den Blick« (ebd.). (Vgl. hierzu *C. Gilligan*, Die andere Stimme, München 1984; amerikanisch: In a Different Voice. Psychological Theory and Women's Development, Cambridge/Mass., London 1982).

Zur theologischen Problematik des Identitätskonzepts vgl. *G. Schneider-Flume*, Die Identität des Sünders. Eine Auseinandersetzung theologischer Anthropologie mit dem Konzept psychosozialer Identität E. H. Eriksons, Göttingen 1985; *H. Luther*, Identität und Fragment. Praktisch-theologische Überlegungen zur Unabschließbarkeit von Bildungsprozessen, in: Theol. Pract. 20 (1985), S. 317–338, ferner K. E. Nipkow, Grundfragen der Religionspädagogik, Bd. III, a.a.O., S. 136ff.

und das ökumenische Lernen – um andere Grundaufgaben aus meiner Sicht zu nennen – unter den Begriff der Identitätsbildung zu pressen.[12] In allem sei vielmehr darauf geachtet, daß Gott selbst im Blick bleibt. Wenn schon eine Leitvorstellung, dann die *Gottesfrage*.

Ebensowenig wie eine einzige, noch dazu nicht-theologische Leitvorstellung soll zweitens auch nicht nur eine einzige *Theorie* zur Deutung der religiösen Lebenslinie herangezogen werden. Dies ist bei der Orientierung am Identitätsbegriff meist die Theorie Erik H. Eriksons.[13] Seine in psychoanalytischen Voraussetzungen verwurzelte psychosoziale Entwicklungstheorie ist in vieler Hinsicht wegweisend geworden. Neben ihr verdienen aber auch die kognitiv-strukturellen Entwicklungstheorien aus der Schule Jean Piagets Beachtung, besonders sofern sie – wie bei James W. Fowler und Fritz Oser – ausdrücklich auf die Glaubensentwicklung bezogen worden sind.[14]

Psychoanalytische Einsichten können besonders hinsichtlich der *Kindheit* weiterhelfen. Es ist ebenfalls bekannt, wie sehr unbewußte Kindheitserfahrungen und -konflikte das ganze

12 Vgl. zu diesen vier Grundaufgaben *K. E. Nipkow*, Grundfragen der Religionspädagogik, Bd. II: Das pädagogische Handeln der Kirche, Gütersloh ³1984, und Bd. III (1982).

13 Vgl. auf evangelischer Seite als Beispiel *H.-J. Fraas*, Glaube und Identität. Grundlegung einer Didaktik religiöser Lernprozesse, Göttingen 1983; auf katholischer Seite *J. Werbick*, Glaube im Kontext. Prolegomena und Skizzen zu einer elementaren Theologie, Zürich u. a. 1983.

14 *J. W. Fowler*, Stages of Faith. The Psychology of Human Development and the Quest for Meaning, San Francisco u. a. 1981; *F. Oser/P. Gmünder*, Der Mensch. Stufen seiner religiösen Entwicklung. Ein strukturgenetischer Ansatz, Zürich/Köln 1984. Zur kritischen Würdigung der Bedeutung der Lebenslaufforschung insgesamt vgl. *K. E. Nipkow*, Lebensgeschichte und religiöse Lebenslinie. Zur Bedeutung der Dimension des Lebenslaufs in der Praktischen Theologie und Religionspädagogik, in: P. Biehl et al. (Hg.), Jahrbuch der Religionspädagogik (JRP), 3. Bd. 1986, Neukirchen-Vluyn 1987 (erscheint Herbst 1987).

spätere Leben des Erwachsenen mitbestimmen können. Wenn man sich jedoch die Blickrichtung auf den Lebenslauf zu sehr von ihnen vorgeben läßt, läuft man Gefahr, alle entscheidenden Gotteserfahrungen bereits einseitig in dieser Lebensphase, oft sogar bereits nur in der frühesten Kindheit, anzusetzen, als gäbe es von da an nur Wiederholungen und Nachwirkungen, aber keine wirklich neuen Anfänge. Man kann statt dessen wissenschaftlich bestätigt finden, was die Erfahrung der Kirche von ihren Anfängen an festgehalten hat: *Zu Gott steht in jeder Lebensphase der Weg offen.*

Drittens soll nicht zuletzt vermieden werden, bei Gotteserfahrungen in Vergangenheit und Gegenwart nur von *Symbolen* zu reden. Gemeint ist nicht das sich an Paul Ricoeur und Eberhard Jüngel anlehnende und besonders heute von Peter Biehl religionsdidaktisch gewendete berechtigte Interesse, die symbolisch-metaphorische Sprache als die der religiösen Erfahrung angemessene Sprache zu würdigen[15], sondern eine einseitig bevorzugte psychoanalytische Betrachtungsweise, die die religiösen Symbole so den kindlichen und darüber hinaus allgemeinmenschlichen Erfahrungen zuordnet, daß es dabei auf die *»psychologische Funktionalität«* dieser Symbole ankommt und zugleich auf den Umstand, daß psychologische Funktionalität und theologisches Selbstverständnis sich gegenseitig bestätigen.[16] Nach dieser Betrachtungsweise schlagen sich etwa Erfahrungen des »Urvertrauens« (E. H. Erikson) und der Geborgenheit »im Bild lebenspendender Muttergottheiten« nieder, »das überwunden werden, zugleich aber als tragender Grund in das weitergreifende Gottesbild eingehen muß«[17]. Da die Mutter für das Kind »eine ambiva-

15 *P. Biehl*, Symbol und Metapher. Auf dem Wege zu einer religionspädagogischen Theorie religiöser Sprache, in: P. Biehl et al. (Hg.), Jahrbuch der Religionspädagogik (JRP), Bd. 1. 1984, Neukirchen-Vluyn 1985, S. 29–64.
16 H.-J. Fraas, a.a.O., S. 146.
17 A.a.O., S. 112.

lente Größe« ist, »zugleich Liebes- und Angstobjekt«, »einmal gut und einmal böse«, muß es zur »Triebmischung« kommen, »der Abwendungstrieb muß in den Hinwendungstrieb integriert werden«. Dies wiederum setzt »ein gefahrenfreies affektives Klima voraus«. Das Kind muß auch seine aggressiven Bestrebungen »ungestraft zur Abfuhr bringen« können. »Eine solche Affektabfuhr ist notwendiger Bestandteil der psychischen Hygiene. Im Alten Testament äußert sich solche Affektabfuhr gegenüber Gott im Hadern mit Gott und in der Klage bis hin zum Zweifel«[18].

Funktional ist eine Sichtweise zu nennen, die wie die zitierte eine symbolisch verdichtete Gotteserfahrung daraufhin prüft, was sie für den seelischen Haushalt, die »psychische Hygiene«, leistet. Sie muß damit rechnen, daß funktional gleichwertige Symbole, sogenannte »funktionale Äquivalente«, dasselbe oder ähnliches leisten, etwa Märchensymbole oder Symbole aus anderen Religionen; das religionsgeschichtliche Material ist überaus reich. Leisten die biblischen Symbole etwas Besonderes? Was ist es? Vergleiche in der Sache werden wichtig.

Solche Vergleiche werden in den hier vor Augen stehenden Untersuchungen durchaus auch angestellt, um die unvergleichbare Leistungsfähigkeit biblischer Gottessymbole zu würdigen. Die funktionale Frageweise selbst wird jedoch dadurch nicht überwunden. Nun fragen zwar auch die Jugendlichen, die im folgenden zu Worte kommen sollen, einerseits funktional danach, was ein Glaube an Gott ihnen seelisch erbringt, ob er »Halt« vermittelt. Sie fragen aber andererseits – gleichsam durch die »psychologische Funktionalität« hindurch – nach der *Wahrheit* der biblisch-christlichen Überlieferung. Was ist das für ein Gott, wenn er im unverschuldeten Leiden nicht hilft? Gibt es Gott überhaupt? Damit verlassen

18 A.a.O., S. 110.

die Schüler die Ebene, auf der eine psychoanalytisch oder wie immer sonst hermeneutisch sich anleiten lassende Religionspädagogik strukturelle Übereinstimmungen zwischen z. B. der Hiobsituation und dem Zorn von Kleinkindern identifizieren will.

Offensichtlich genügt eine solche Betrachtungsweise dann nicht mehr, wenn Menschen Zweifel an der *Sache selbst* haben. Wir werden mit Aussagen von jungen Leuten zur Gottesfrage konfrontiert werden, die ihre Absage an den biblischen Gottesglauben gerade dadurch religionskritisch begründen, daß es sich bei »Gott« – sie setzen das Wort nun bewußt in Anführungsstriche – *bloß* um ein »Symbol« handele. Ein solches »Symbol« habe zwar eine große seelische Bedeutung, eine »Funktion« (einzelne Schüler gebrauchen ausdrücklich diesen Begriff), aber ob diesem Symbol, von seiner selbstverständlich zugestandenen psychologischen Funktionalität abgesehen, eine Realität entspreche, ob Gott wirklich existiert, sei für sie völlig unbewiesen. Eine hermeneutische Plausibilisierung mit Hilfe der Rede von Symbolen könnte mithin ungewollt Religion destruieren, wo sie sie würdigen will.

Psychologische und theologische Betrachtungsweise schließen sich nicht aus. Im nächsten Kapitel über die Gottesbeziehung in der Kindheit werden dankbar psychoanalytische Einsichten verwendet werden. Bereits die Kinder, nicht erst die Jugendlichen, hindern uns an einer einseitig psychologisierenden und funktionalisierenden Sicht. Wenn Kinder etwas älter werden, fangen auch sie an, unverblümt nach der Sache selbst zu fragen.

Gotteserfahrungen wissenschaftlich nach ihren Entstehungsvoraussetzungen in der Persönlichkeitsentwicklung und im Gesellschaftssystem zu untersuchen (*genetisch-kausale* Frage) und nach ihrer Bedeutung für die Persönlichkeitsentwicklung und die Gesellschaft einzuschätzen (*funktionale*

Frage), mag notwendig bleiben, wenn man dadurch bestimmten Faktoren, besonders Schwierigkeiten, auf die Spur kommen und die Wege zur Vermittlung der biblischen Botschaft ebnen will. Etwas ganz anderes bleibt jedoch das persönliche Interesse der Betroffenen selbst, das Interesse zu wissen, ob Gott wirklich ist und wie er ist (*ontologische* Frage) und ob das über ihn Gesagte wahr und überzeugend ist (*Geltungs-* bzw. *Wahrheits*frage). Für die Wege der Annäherung an die Gottesfrage dürfen die letzten Frageweisen um keinen Preis verdrängt werden.

Natürlich läßt sich auch eine Situation des Überführtwerdens von der Wahrheit der Sache (oder ihr Gegenteil, der Verlust des Gottesglaubens) noch einmal psychologischen Erklärungsversuchen unterwerfen. Der Betroffene selbst wird sich jedoch dagegen mit Recht wehren, und der Theologe hat ihn hierin im Namen der theologischen Wahrheitsfrage zu unterstützen. Wir werden uns daher zwar im Medium psychologisch und anthropologisch angeleiteten Verstehens bewegen – der hermeneutische »Zirkel« bleibt –[19], aber uns immer zugleich auch der theologischen Frage nach der Sache selbst auszusetzen haben: der schweren Frage nach Gott und der Frage Gottes nach uns.

19 Vgl. K. E. Nipkow, Grundfragen der Religionspädagogik, Bd. III, S. 88–98.

II Zur Gottesbeziehung in der Kindheit

Der Gott des Kindes besteht nicht nur aus dem Gottesbild, das Erwachsene weitergeben, sondern auch aus Phantasien, Gefühlen und Einsichten, die sich das Kind selbst gebildet hat. Zwischen dem in diesem Sinne *privaten Gott* des Kindes und dem von der Kirche *offiziell vermittelten Gott*, den Edward Robinson gegenüber der »ursprünglichen Vision« den »Kirchengott« nennt[1], ist zu unterscheiden. Dasselbe stellt auch Ana-Maria Rizzuto fest: »Kein Kind nähert sich dem ›Haus Gottes‹ ohne seinen Lieblingsgott unter dem Arm«[2]. Der von den Erwachsenen weitergegebene Gott trifft auf ein Feld früher Erfahrungen, die zum Teil schon an den vom Hörensagen bekanntgewordenen Gott anknüpfen mögen (besonders was das Wort »Gott« selbst betrifft), die aber im ganzen eigenwillige Schöpfungen sind. Die Erfahrungen reichen bis in die allerersten Lebensmonate zurück. Sie werden zu Elementen des persönlichen Gottesbildes des Kindes, bevor überhaupt die systematische religiöse Unterweisung einsetzt. Sigmund Freud nahm an, die Gottesvorstellung bilde sich hauptsächlich im Alter von fünf bis sieben Jahren in der ödipalen Phase im Zusammenhang der Bildung des Gewissens, des Über-Ich. Danach sei die religiöse Lebensgeschichte nur eine »Wiederholung« der religiösen Kindheitsproblematik. Außerdem müsse (und werde) ein reifer Erwachsener die Religion ohnehin aufgeben; zum Erwachsenwerden gehöre sie nicht hinzu. Alles drei scheint falsch zu sein. Die hier herangezogene neuere psychoanalytische Schule betont, daß einer-

1 E. Robinson, The Original Vision, a.a.O., S. 91 (Kap. 7: »Church God«).

2 *A.-M. Rizzuto*, The Birth of the Living God, Chicago 1979, S. 8 (Übersetzung v. Verf.).

seits die Wurzeln *viel früher* liegen, in jener Phase, in der Erik H. Erikson vom »Grundvertrauen« (»basic trust«) spricht, und daß andererseits alle späteren Lebensphasen bis ins Alter *neue Anfänge* in sich bergen, nicht nur Wiederholungen.[3] Freilich gehen die Kindheitserfahrungen mit Gott auch nicht verloren. Sie verlassen uns nicht, selbst wenn unser Bewußtsein sie nicht mehr wahrnimmt. Unsere unbewußte seelische Welt – so die begründete psychoanalytische Hypothese – vergißt sie nie.

Vor allem aber hält es eine Psychoanalytikerin wie Ana-Maria Rizzuto für falsch, Erwachsenwerden und Religiosität als unvereinbar zu erklären, vorausgesetzt freilich, daß es im Lebenslauf zu Wandlung und Wachstum im Glauben kommt. Dabei spielt die Kraft, den Glauben der Kindheit neu zu integrieren, eine bedeutende Rolle. Zwischen einem problematischen religiösen Infantilismus und der verwandelten Bewahrung der Kindheit im Erwachsenenleben als einem Ausdruck von Reife ist sorgfältig zu unterscheiden.

1. Gott – ein Gemeinschaftsereignis

Psychologisch gesehen[4] ist die »Geburt des Gottesglaubens« in der Kindheit erstens ein *zwischenmenschliches* Geschehen. Der früheste Zusammenhang ist der Zusammenhang der

3 Vgl. bei A.-M. Rizzuto die Kap. 2 (Freud) und 3 (Beyond Freud).

4 Mit der Kennzeichnung der folgenden Ausführungen, die sich inhaltlich an A.-M. Rizzuto anlehnen, als einer *psychologischen* Perspektive soll auch auf die Grenze einer solchen Betrachtungsweise aufmerksam gemacht werden. Die *theologische* Deutung der »Geburt des lebendigen Gottes« (vgl. den Titel des Buches von A.-M. Rizzuto: The Birth of the Living God) geht über die psychologische nicht dadurch hinaus, daß sie bessere wissenschaftliche Einsichten aufzuweisen hat, sondern andere. Psychologen wie Rizzuto erkennen dies und erwähnen von sich aus die begrenzte Aussagekraft ihrer Ausführungen. Bei der Rede von Religion wird die Frage der Existenz Gottes

Wünsche und Phantasien der Eltern, die ein Kind erwarten. Haben mich meine Eltern gewollt? Freuten sie sich über mich? Betrachteten sie mich gar als Geschenk Gottes? Oder kam ich ihnen ungelegen? Bin ich durch einen »biologischen Unfall« verursacht? Das Kind spürt unbewußt, ob es willkommen ist. Später will es häufig ausdrücklich wissen, mit welchem Bild vom eigenen Ursprung der Eintritt ins Leben verbunden werden kann. An der Wiege des Bildes, das es sich von den Eltern, von sich selbst und von Gott macht, stehen die eigenen Eltern mit der Tiefe und Untiefe ihres elterlichen Lebens- und Gottesverhältnisses.

Wer man selbst wird und ob Gott hierbei eine Rolle spielt, hängt für das Kind auch davon ab, ob ein feierlicher Akt den Anfang bildete, als Tatsache und als gegenwärtig gehaltenes Bewußtsein dieser Tatsache. So sind denn auch *Taufe* und *Namengebung* schon unter diesem Blickwinkel alles andere als unwichtig. Nicht wenige Eltern verknüpfen symbolisch durch die Namengebung die beginnende persönliche Geschichte des Kindes mit der Geschichte ihrer Glaubensgemeinschaft. Der über die Eltern hinausreichende größere Kreis scheint auf – im Christentum die Kirche.

In die allerersten Anfänge gehört ferner wahrscheinlich der *Augenkontakt* mit dem mütterlichen Gesicht. E. H. Erikson, D. W. Winnicott und A.-M. Rizzuto halten die Augen der Mutter für den ersten Spiegel, in dem sich das Kind spiegeln und damit im Anflug zur ersten Selbst-Wahrnehmung als es selbst sehen kann. Es sieht in dem Gesicht der Mutter, wie die

bewußt offengelassen (S. 177). Gleichwohl können und müssen humanwissenschaftliche und theologische Perspektiven aufeinander bezogen werden, weil der Gottesglaube im Zusammenhang der seelischen Welt erfahren wird. Dies ist in der neueren Religionspädagogik im allgemeinen anerkannt. Vgl. vor allem die treffenden Unterscheidungen und Zuordnungen bei *R. Preul*, Religion – Bildung – Sozialisation. Studien zur Grundlegung einer religionspädagogischen Bildungstheorie, Gütersloh 1980, S. 155ff. und 168ff.

Mutter es sieht, und so sieht es sich selbst: als geliebtes Kind, das immer wieder mit Lächeln überschüttet wird, auf daß es selbst lächele – ein Kreislauf der Freude und Lebenszuversicht kann so beginnen –, oder als weniger geliebtes, vielleicht sogar als lästig empfundenes Kind. Kinder lassen sich gefühlsmäßig nicht täuschen. Unbewußte Eindrücke können Erinnerungsspuren lebenslang bewahren. Sie können auch das gesuchte und vorgestellte »Angesicht« Gottes mitprägen. Die Erfahrung des mütterlichen und väterlichen Gesichts und der Gedanke, daß Gott einen anblickt, verweisen aufeinander.

»Der Herr lasse sein Angesicht leuchten über dir und sei dir gnädig; der Herr hebe sein Angesicht über dich und gebe dir Frieden« (4Mose 6,25.26).

Eine der eindrücklichsten Erfahrungen des älterwerdenden Kindes ist, daß die Eltern, die als grandiose, mächtige Figuren erlebt werden, ihrerseits einem Wesen Ehrerbietung entgegenbringen, das offensichtlich noch größer und mächtiger ist. Von allen Figuren der kindlichen Einbildungskraft, die sonst noch die Phantasielandschaft des Kindes bevölkern, böse Monster und gute Helden, denen man in den Tagträumen nachhängt, oder persönliche, imaginäre Begleiter, denen das Kind einen Platz neben sich anweist und die es vorsichtig über den Zebrastreifen geleitet, gewinnt das Gottesbild dadurch eine unvergleichliche *Realität* im psychischen Sinne, daß die mächtigen Eltern vor ihm die Knie beugen, das Haupt senken, stillewerden und mit Respekt sprechen.
Es ist mithin wichtig, ob Eltern ihrem Glauben durch *Gottesdienstbesuch* und *Gebetspraxis* sichtbaren Ausdruck verleihen oder nicht und ob Erzieherinnen im Kindergarten und Lehrer und Lehrerinnen in der Grundschule dies ebenfalls vorleben und fortsetzen. Man kann es noch genauer sagen: Für das Kind kommt es auf zweierlei an, zum einen darauf,

was die Menschen *tun*, die es liebt und denen es nachfolgen möchte. Zum anderen bleibt in der Erinnerung haften, was jenen nächsten Begleitern ihr eigenes Tun *bedeutet*. Das Verhalten als solches, die religiöse Konvention als Konvention, ohne einen abspürbaren Lebenssinn, sagt noch nicht genug. So ist denn unter mancherlei Aspekten der Anfang des Glaubens nicht das Ergebnis eines isoliert sich entfaltenden ›homo religiosus‹, sondern ein Anfang mit anderen zusammen, ein ›*Gemeinschaftsereignis*‹.

2. Gott – eine Gefühlserfahrung

Der hannoverschen Erziehungswissenschaftlerin Erika Schuchardt verdanke ich den Zugang zu den zwei Autobiographien des französischen Gelehrten und Schriftstellers Jacques Lusseyran, der als Siebenjähriger auf Grund eines Unfalls vollständig erblindete. In ihrem Buch »Warum gerade ich ...? Behinderung und Glaube« zitiert E. Schuchardt unter anderem jene Abschnitte aus der ersten Biographie, »Das wiedergefundene Licht« (1963), die die Situation im Elternhaus des kleinen Jacques vor und nach Eintritt der Behinderung spiegeln. Es sind Jahre ungetrübten Glücks, Jahre der Ermutigung, zum Leben tief innerlich ja zu sagen. Die Kindheit, so zeigt sich, ist das Lebensalter, in dem die Grundlegung des Verhältnisses zur Welt und zu sich selbst erfolgt.

»Wenn ich an meine Kindheit denke, spüre ich noch heute das Gefühl der Wärme über mir, hinter mir und um mich, dieses wunderbare Gefühl, noch nicht auf eigene Rechnung zu leben, sondern sich ganz, mit Leib und Seele, auf andere zu stützen, welche einem die Last abnehmen ...
Meine Eltern trugen mich auf Händen, und das ist wohl der Grund, warum ich in meiner ganzen Kindheit niemals den Boden berührte.

Ich lief zwischen Gefahren und Schrecknissen hindurch, wie Licht durch einen Spiegel dringt. Das ist es, was ich als Glück meiner Kindheit bezeichne, diese magische Rüstung, die – ist sie einem erst einmal umgelegt – Schutz gewährt für das ganze Leben.«[5]

Gott ist in diesen Jahren noch nicht ein Gegenstand des Gesprächs der Eltern mit ihrem Kind, und doch machen Glaube und Gott bereits »sein ganzes Leben aus. Er rechnet mit Gott. Gott ist ihm selbstverständlich (was wörtlich heißt: Gott macht sich selber verständlich). Gott wird Inbegriff seiner bedingungslos bejahten und gelebten Wirklichkeit«[6].

»Meine Eltern – das war der Himmel. Ich sagte mir dies nicht so deutlich, und auch sie sagten es mir nicht; aber es war offenkundig. Ich wußte (und zwar recht früh, dessen bin ich sicher), daß sich in ihnen ein anderes Wesen meiner annahm, mich ansprach. Dieses Andere nannte ich nicht Gott – über Gott haben meine Eltern mit mir erst später gesprochen. Ich gab ihm überhaupt keinen Namen. Es war da, und das war mehr.
Ja, hinter meinen Eltern stand jemand, und Papa und Mama waren nur beauftragt, mir dieses Geschenk aus erster Hand weiterzugeben. Es war der Anfang meines Glaubens und erklärt meiner Ansicht nach, warum ich niemals einen metaphysischen Zweifel gekannt habe. Dieses Bekenntnis mag etwas überraschend sein, doch halte ich es für wichtig, da sich aus ihm so viele Dinge erklären lassen« (ebd.).

Man kann das Werden des Menschen nicht begreifen, ohne sich die Kraft der ersten großen, das Kind ganz erfassenden, mehr unbewußten als bewußten *Grunderfahrungen* zu vergegenwärtigen, die es im Rahmen der schon beschriebenen Gemeinschaftsbeziehungen vornehmlich den Eltern ver-

5 *J. Lusseyran*, Das wiedergefundene Licht, Stuttgart 1963, ^{7}1975 (= Siebenstern TB 155, Gütersloh 1977), S. 7, zit. n. E. Schuchardt, Warum gerade ich ...? Behinderung und Glaube, Gelnhausen ^{2}1984, S. 58f.

6 E. Schuchardt, a.a.O., S. 59.

dankt. Es sind grundlegende *Gefühlserfahrungen*, die die Seele des Kindes umhüllen und durchdringen. Sie haben zwei Seiten, die man sich aus der Struktur des Eltern-Kind-Verhältnisses verständlich machen kann. Genauer: Das Kind erlebt sowohl sich selbst als auch die Eltern jeweils in einer tiefen Zwiespältigkeit (vgl. Fraas oben S. 16f.).

Es spürt zum einen seine eigene Abhängigkeit und Hilflosigkeit, aber dank der Unterstützung durch die Eltern auch sein wachsendes Vermögen. Mehr noch: Untergründig erlebt es, daß es sogar Macht über die Eltern ausüben kann. Wenn man seine Bedürfnisse äußert, sind sie zur Stelle. Der umfassenden Bedürftigkeit des Kindes entspricht die umfassende Versorgung durch die Eltern, vor allem in der frühesten Kindheit. Diese umfassende Versorgung kann vom Kind mehr oder weniger beeinflußt werden. Allseitig verwöhnende Eltern schaffen eine entsprechend unbewußte Anspruchshaltung und unbewußte Allmachtsphantasien. Nicht selten soll auch noch später, im Jugendalter und selbst noch im Erwachsenenalter, Gott nichts anderes als die ewig präsente und vergrößerte Elternfigur sein, die alle Wünsche erfüllt. Im Gegensatz dazu nährt die Entbehrung unbewußt das Gefühl des Unvermögens. Die erste ambivalente Grunderfahrung ist die Doppelheit von *Ohnmacht* und *Macht*.

Das Kind erlebt ferner Zuwendung und Abwendung, Liebe und Liebesentzug, Umsorgtsein und Alleingelassensein. Entsprechend der Doppelseitigkeit dieser Erfahrung entsteht einerseits Grundvertrauen, andererseits frühes Mißtrauen. Zum Wurzelgrund für das ganze spätere Leben kann zum einen die Lebenszuversicht werden, die einen nie wieder verläßt. Zurückbleiben kann aber auch zeitlebens als Bodensatz, der alle späteren Gefühlserfahrungen verdirbt und menschliche Beziehungen erschwert, das bittere Salz der Enttäuschung und Angst. Die zweite Ambivalenz ist die Doppelheit von *Vertrauen* und *Mißtrauen*.

3. Gott – eine sprachliche Entdeckung

Inmitten dieser grundlegenden Gefühlserfahrungen nun *kann* der Glaube an Gott entspringen, er muß es nicht! »Kein einziges Gefühl muß die religiöse Erfahrungswelt – und jedes Gefühl kann sie vorbereiten. Das hängt davon ab, *ob* und *wie* das Kind vorbereitet ist, *ob* und *wie* seine Emotionen vom Milieu aufgefangen und interpretiert werden. Keine kindliche Emotion trägt aus sich selbst eine ›Absenderadresse‹, die auf Gott hinweist. Die religiöse Entwicklung ist allein und ausschließlich eine Entwicklung *auf Grund* der Erziehung«[7].
Weder das erfüllte Verlangen nach Zuwendung noch das enttäuschte Geborgenheitsbedürfnis lassen aus sich selbst das Wissen hervorgehen, daß es einen liebenden oder sich versagenden *biblischen* Gott gibt. Kein Mensch ist von Natur aus Jude, Christ, Muslim oder Buddhist. In historischen Religionen ist eine *ausdrückliche Unterweisung und Überlieferung* erforderlich. Erst wenn andere, eben die Eltern oder Erzieher im Kindergarten, machmal sind es erst die Grundschulreligionslehrer und -lehrerinnen, von Gott ausdrücklich *sprechen*, erst wenn eine ausgesprochene religiöse Deutung durch Erziehung, Unterweisung, gesellschaftlichen Einfluß in den Gesichts- und Hörkreis des Kindes tritt, ist eine solche Verbindung möglich, kann Glaube entstehen, der dann durch die beschriebenen Grunderfahrungen so oder so eingefärbt sein kann.
Für Jacques Lusseyran wurde das Mögliche wirklich; sein Glaube hat in seiner Kindheit seinen Anfang genommen, eingefärbt von hellen Farben, durchstrahlt vom Licht des Vertrauens, ein Licht, das die Dunkelheit seiner späteren physischen Blindheit völlig überwinden sollte. Diesen Glauben be-

7 *M. J. Langeveld*, Das Kind und der Glaube. Braunschweig u. a. 1959, S. 77f. (holl.: Kind en Religie, Utrecht 1956).

schreibt Lusseyran in dem schönen Bild des Staffellaufs von Vertrauen zu Vertrauen:

Meinem »Glauben entsprang auch meine Verwegenheit. Ich lief unaufhörlich; meine ganze Kindheit war ein einziges Laufen. Ich lief nicht etwa, um etwas zu erlangen (das ist eine Vorstellung der Erwachsenen, nicht die eines Kindes), ich lief, um all den sichtbaren – und noch nicht sichtbaren – Dingen entgegenzugehen. Wie in einem Staffellauf bewegte ich mich vorwärts von Vertrauen zu Vertrauen«.[8]

4. Gott – eine Gewissensfrage

Das Gegenstück zu Jacques Lusseyran ist Tilmann Mosers bitterböse Abrechnung mit dem Gott seiner Kindheit in seinem autobiographischen Bekenntnis unter dem Titel »Gottesvergiftung« (1976). »Freut euch, wenn euer Gott freundlicher war«, ruft der Psychoanalytiker Moser als Motto dem Leser eingangs zu; sein Gott war grauenvoll.[9]
Moser hatte angenommen, Gott sei für ihn längst »tot, begraben, zumindest aber vergessen oder ... gleichgültig geworden«[10]; doch das ist nicht der Fall.

»Du hast überlebt in meiner seelischen Struktur: ganze Gewölbe, Verehrungsthrone, innere Zimmer- und Kapellenfluchten wurden für dich angelegt. Du haustest in mir wie ein Gift, von dem sich der Körper nie befreien konnte. Du wohntest in mir als mein Selbsthaß ... Du bist in mich eingezogen wie eine schwer heilbare Krankheit, als mein Körper und meine Seele klein waren. Beide wurden, entgegen einer freieren Bestimmung, zu deiner Wohnung gemacht, und ich war stolz, daß du auch in mir kleinem Jungen Wohnung nehmen würdest.«[11]

8 J. Lusseyran, a.a.O., S. 8, zit n. E. Schuchardt, a.a.O., S. 59.

9 *T. Moser*, Gottesvergiftung, Frankfurt/M. ^{3}1977.

10 A.a.O., S. 9.

11 A.a.O., S. 10.

Der nach Mosers Meinung sein Selbst- und Lebensgefühl vergiftende Gott hat in dem erwachsenen Mann in der seelischen Struktur überlebt, weil Gotteserfahrungen in der Kindheit bewußt-unbewußte Tiefenerfahrungen sind. Gott macht ihm noch zu schaffen, als er annimmt, ihn längst überwunden zu haben. Die Nachwirkungen dauern an, und wieder haben die *Eltern* eine Schlüsselstellung inne:

»Es ist ungeheuerlich, wenn Eltern zum Zwecke der Erziehung mit dir paktieren, dich zu Hilfe nehmen bei der Einschüchterung wie bei der Vermittlung fiktiver Geborgenheit.»[12]

Während bei Jacques Lusseyran die Anfänge der Gottesbeziehung in der frühesten, vorsprachlichen Lebensphase liegen, wo sich das Grundvertrauen zur Welt bildet, scheint sich Mosers Gottesverhältnis in dem Lebensabschnitt geformt zu haben, in dem sich in dem heranwachsenden Kind das *Gewissen* entwickelt, in der ödipalen Phase. In seinem Elternhaus wurde das Wort »Gott« vor allem im Kontext des Gehorsams gegenüber Geboten und Verboten eingeführt, auf der *moralischen* Ebene. »Was wird der liebe Gott dazu sagen?« – dies war »die mich domestizierende, einengende, schachmatt setzende stereotype Phrase« seiner Mutter und seines Vaters, eine Formel, die ihn früh einem permanent schlechten Gewissen überließ[13]. Gott wurde zur unerträglichen Gewissenslast. Kann es verwundern, daß sich in Mosers autobiographischen Anklagen typische *Fehler christlicher Erziehung* spiegeln? Es ist erstens der offene und verdeckte *Zwangscharakter*:

»Ich habe unter niemandem so gelitten in meinem Leben wie unter deiner mir aufgezwungenen Existenz«.[14]

12 A.a.O., S. 46.
13 A.a.O., S. 17.
14 A.a.O., S. 11.

Besonders gravierend ist zweitens die religiöse *Ausnutzung kindlicher Verschuldungen*: »Der Humus, auf dem du wachsen konntest, war kindliches Unglück«[15]. Moser hatte immer und überall Schuldgefühle, die durch die christliche Erziehung zugleich ausgebeutet und genährt wurden. Gott wurde zu einem Inbegriff der Nichterfüllung normativer Ansprüche.

Die dritte, schwerste Verkehrung christlicher Erziehung ist in der eben genannten eingeschlossen: die *Preisgabe des Evangeliums*, des Kerns der Rechtfertigungsbotschaft, die nach Martin Luther ein befreites, getröstetes, ein »frölich gewissen« schafft.[16] Dagegen wurde die Gnade Gottes in den Händen der Eltern Mosers zu einer von Bedingungen abhängigen Belohnung im Sinne eines Wenn-Dann:

»Ein Wucherer warst du mit deiner Gnade, oft nur hast du sie gegen Menschenfleisch, doch immer nur provisorisch, mit dauerndem Widerrufsrecht, vergeben.«[17]

Die Dialektik der Rechtfertigungserfahrung zerbrach. Gewiß ist Gnadenerfahrung nicht ohne Sündenerfahrung, das Evangelium nicht ohne das Gesetz. Hier aber dominierte in schrecklicher Einseitigkeit das Gesetz. Die Liebe Gottes wurde nicht als unbedingte, sondern als bedingte, vom Verhalten des Kindes abhängig gemachte Liebe vermittelt. Die Folge dieser auf grundsätzlicher Überforderung aufbauenden seelischen Ängstigung »war eine fundamentale Unsicherheit«, ob nicht doch irgendein Gebot übertreten worden sei.[18] Es wuchs ein an Selbsthaß grenzender Selbstzweifel

15 A.a.O., S. 12.
16 *M. Luther*, WA 2, 714; 717 (Ein Sermon von dem Sakrament der Buße, 1519).
17 T. Moser, a.a.O., S. 15.
18 A.a.O., S. 17.

heran: »Du hattest so viel an mir verboten, daß ich nicht mehr zu lieben war«[19]; Moser wurde mißtrauisch gegenüber anderen, denen er es nicht abnehmen konnte, wenn sie sagten, daß sie ihn liebten.[20] In allen Worten spiegeln sich die Ergebnisse einer »christlichen« Erziehung, die ihren wahren theologischen Sinn zutiefst verfehlt hat. Die rechtmäßige Alternative – christliche Erziehung, wie sie sein kann und sollte (vgl. J. Lusseyran) – hat Moser nicht im Blick, weil er sie nie erfahren hat.

5. Gott – eine gedankliche Herausforderung

In der Kindheit beginnt das Erwachsenwerden mit oder ohne Gott, mit diesem oder jenem Gottesbild, nicht nur als Gemeinschafts-, Gefühls-, Sprach- und Gewissenserfahrung, sondern auch als *Herausforderung des Denkens*. Schon Kinder wollen gedanklich mit der Rede von Gott ins reine kommen. Früh beginnen ihre *selbständigen Bemühungen, Gott zu begreifen.*[21] Wir belauschen ein Gespräch zwischen zwei englischen Grundschulkindern:

»Desny: Wenn Gott die Welt machte, wer machte Gott? Mary: Ich weiß die Antwort. Gott hatte nie einen Anfang oder ein Ende. Es ist wie der Himmel. Wenn man eine Wand in den Himmel baute, ist es nie das Ende, weil da immer noch Himmel dahinter ist.«[22]

19 A.a.O., S. 19.
20 A.a.O., S. 36.
21 *H. Hetzer*, Selbständige Bemühungen kleiner Kinder, Gott zu begreifen, in: EvErz 23 (1971), S. 137–148.
22 *V. Madge*, Children in Search of Meaning, London 1965, S. 56 (Übersetzung v. Verf.).

Die unergründlich tiefe Antwort Marys macht uns verlegen. Haben wir als Erwachsene angemessenere Antworten? Müssen wir vielleicht zu solchen Denkbildern zurückkehren?
Durchgehend ist zu beobachten, daß auch die für das kritische Jugendalter zwischen 16 und 20 charakteristischen *Zweifel*, die, wie noch zu zeigen ist, zu den ausschlaggebenden Entscheidungsfeldern für den Verlust des Gottesglaubens oder das Festhalten an Gott zu führen scheinen, alle in der Kindheit angelegt und zum Teil schon sehr deutlich von Kindern unter zehn Jahren aufgeworfen werden.
Es ist zum einen die Schwierigkeit mit einer Rede von Gott, der sich nicht zeigt, nicht konkret eingreift, nicht hilft. Es ist zweitens das Interesse an Gott als Erklärung des Rätsels der Welt, verstanden als Antwort auf die Frage nach ihrem Anfang und Ende (vgl. oben Desny und Mary), einschließlich des individuellen Anfangs und Endes, Geburt und Tod. Es regt sich drittens bereits die sublimste Anfechtung in der Gottesfrage, der Zweifel, ob es sich nicht überhaupt bei der Gottesvorstellung um eine menschliche Fiktion handelt: »Wenn es Gott gibt, warum zeigt er sich nie? Woher wissen wir wirklich, wenn wir beten, daß wir zu Gott sprechen? Vielleicht sprechen wir nur zu uns selbst?«[23] Selbstverständlich kann ferner bereits in der Kindheit viertens der Zweifel an der Glaubwürdigkeit der biblischen Überlieferung und der kirchlichen Autorität einsetzen: »Woher wissen wir genau, ob Jesus auf Erden gelebt hat? Woher weiß der Pfarrer, daß Jesus wiederkommt?«[24] Den Kindern geraten noch viele andere Fragen in den Sinn. Regine Schindler hat sie einmal in ein nachdenklich stimmendes Gedicht umgesetzt[25]:

23 A.a.O., S. 51, 54.
24 A.a.O., S. 51, 53.
25 In: *R. Schindler*, Mit Kindern von Gott reden, in: E. Dieterich/G. Schenk (Hg.), Arbeitsfeld Kinderkirche, Stuttgart 1979, S. 96.

Das möcht' ich wissen

Mutter, sag doch: Gott, der Herr,
– Ich möcht es wissen, das ist so schwer –
Ist er ein Geist, eine Pflanze, ein Tier?
Ist er ein König und spielt er Klavier?

Mutter, sag doch, ich möchte, ich will
Endlich wissen: Warum ist Gott so still?
Spricht er nur in der Bibel, diesem Buch?
Kommt er nie zu uns zu Besuch?

Mutter, sag doch: Wohnt Gott im Himmel?
Ist dort ein schreckliches Engel-Gewimmel?
Hat er ein Haus, ein Bett und ein Kissen?
Muß er auch essen? Das möcht ich wissen!

Mutter, sag doch: Was macht Gott heute?
Kennt er wirklich alle Leute?
Ich möchte wissen: Sieht er durch Wände?
Hat er Augen und Ohren, hat er Hände?

Mutter, sag doch: Bringt Gott den Frieden?
Warum streiten sich die Menschen da drüben?
Macht dieser Gott denn wirklich auch Brot?
Sag Mutter: Ist dieser Gott nie tot?

Was haben wir zu diesen Fragen zu sagen? Wie ist mit ihnen umzugehen? In den Veröffentlichungen über die alle vier Jahre stattfindenden Gesamttagungen zum Kindergottesdienst fehlen in neuerer Zeit nie Artikel über die gedankliche Seite der Gottesbeziehung des Kindes.[26] Man nimmt sich

26 Vgl. *A. Locker*, Kinderfragen verstehen und beantworten, in: E. Dieterich/G. Schenk, Arbeitsfeld Kinderkirche, a.a.O., S. 74–85; *J. Klink*, Kinder und ihre Fragen ernst nehmen, in: E. Dieterich/K. Stolzmann (Hg.), Wachsen wie ein Baum. Neues vom Arbeitsfeld Kinderkirche, Stuttgart 1982, S. 77–84; *A. Becker*, Vorstellungen von Kindern über Gott, ebd., S. 85–93; *R. Tschirch*, Welchen Gott stellen wir unseren Kindern dar? In: E. Dieterich/V. Horstmeier (Hg.), Arbeitsfeld Kinderkirche heute und morgen, Stuttgart 1986, S. 74–84. Zur wissenschaftlichen Diskussion des Gesamtproblems mit

langsam auch der schwierigsten christologischen Fragen an, beispielsweise der Aufgabe, wie mit Kindern über Tod und Auferstehung geredet werden soll.[27] Andernorts werden die Schwierigkeiten der Kinder beim Nachdenken über Gott nicht ernst genug genommen. Sehr leicht kann man sich heute überdies den Vorwurf zuziehen, wenn man auf diese Seite Wert lege, sei man einseitig ›kognitiv‹ ausgerichtet und fördere gar eine ›verkopfte‹ Theologie. Dann wieder beobachtet man, daß solche »Kinderfragen« oder »Kinderbriefe« an den lieben Gott eher wie exotische Phänomene gesammelt werden, mehr als Gegenstand amüsanter Belächelung. Erkennen wir in ihnen die Fragen, die ich die »elementaren Fragen« des Kindes nennen möchte? Wir haben sie oben umrissen.

Für die *Aus- und Fortbildung* von Helfern und Helferinnen im Kindergottesdienst, von Erzieherinnen und Erziehern im kirchlichen Kindergarten und von Religionspädagogen in der Grundschule reichen an dieser Stelle zwei Voraussetzungen nicht aus. Erstens genügen nicht die vielfach im Vordergrund stehenden Überlegungen über die mehr formalen *methodischen* Gesichtspunkte der Gesprächsführung, der Kunst des Erzählens, der Formen spielerischen Gestaltens usw. Lebendigkeit und Farbigkeit der Unterweisung als Ausdruck methodischen Geschicks sind sehr wichtig. Sie bewirken, daß das älter gewordene Kind Kindergottesdienst, Kindergarten und Grundschulreligionsunterricht in freundlicher Erinnerung behält. Es könnte jedoch rückblickend feststellen, daß

Bezug auf die Gottesvorstellungen von Kindern und Jugendlichen vgl. vor allem die instruktive, viel Literatur verarbeitende Abhandlung von *C. Reents*, Wechselnde Gottesbilder Heranwachsender als Herausforderung an die evangelische Theologie und Religionspädagogik, in: EvErz 36 (1984), S. 276–301.

27 *Th. Hofer u. a.*, Wenn das Weizenkorn in die Erde fällt. Mit Kindern über Gott und Auferstehung reden, Gütersloh 1985 (GTB – Kindergottesdienst 647).

seinen aufkeimenden Glaubenszweifeln im Grunde ausgewichen worden ist.

Ebensowenig darf man umgekehrt annehmen, man brauche die *Inhalte*, die biblischen Geschichten und die Glaubensaussagen der Kirche, nur einfach weiterzusagen, ohne pädagogische Überlegungen, die Kinder würden es schon richtig verstehen. Tatsache ist, daß sie, mit Jean Piaget gesprochen, die Texte an ihre Verständnismöglichkeiten *»assimilieren«*. Sie verarbeiten sie nach ihrer eigenen kindlichen Logik. Die Inhalte von Bibel und Glaubenslehre müssen daher im Horizont der Fragen und Verarbeitungsweisen der Kinder erschlossen werden. Ich darf ein *Beispiel* einfügen.[28]

In einer Unterrichtsstunde über den Propheten Elia und das Gottesurteil auf dem Berge Karmel (1 Kön 18) zeigten sich die eigenen Denkwege der Schüler der 5./6. Klasse, also noch der 10–11jährigen, in folgenden Fragen und selbständigen Deutungen (die freilich an dem gemeinten theologischen Sinn der biblischen Aussagen vorbeigingen):

Elia schüttet Wasser um den Altar, auf dem der Gott Israels durch Feuer vom Himmel das Opfer im Wettstreit mit den Baalspriestern, die dasselbe von Baal erwarten, annehmen soll. Der Erzählzug hat eine zeichenhafte Bedeutung und soll die Außergewöhnlichkeit des Wunders erhöhen. Für den einen Schüler tut Elia dies jedoch, »damit die Erde dann nicht auch noch brennt«. Elia scheint sich um die leichte Brennbarkeit einer durch die Dürre ausgetrockneten Grasnarbe zu sorgen. Ein anderer Schüler fragte: »Wie kann Elia Feuer machen, wenn alles durchnäßt ist?« Praktische Logik in Verbindung mit Vorwissen steht auch hinter der Frage: »Wie kann Baal Feuer machen, wenn er doch ein Regengott ist?« Zeichenhaft zu verstehende biblische Aussagen werden im Rah-

28 Die Unterrichtsstunde ist im Rahmen der württembergischen Vikarsausbildung vom Päd.-Theol. Zentrum der Württ. Landeskirche (Stuttgart-Birkach) aufgezeichnet worden.

men des für dies Alter kennzeichnenden *sachlich-pragmatischen Wirklichkeitsverständnisses* verarbeitet.
Aufschlußreich war ferner, daß die Schüler, als sie einen Steckbrief über den von König Ahab verfolgten Elia ausfüllen sollten, unter »Religionszugehörigkeit« »evangelisch« bzw. »Christ« eintrugen. Ähnlich deuteten sie den Gottesbezug Elias: »Sein Gott ist der Gott der Christen«, er ist »unser Gott«. Daß von Christen oder gar von christlichen Konfessionen mehrere Jahrhunderte vor Christi Geburt noch nicht geredet werden kann, war ihnen nicht bewußt. Die religiöse Unterweisung von Kindern muß darum auch die Entwicklung des *Zeitverständnisses* beachten. Nur in einem tieferen Sinn hatten die Kinder – trotzdem – recht: Der Gott des Alten und Neuen Testaments ist derselbe Gott, gestern, heute und in Ewigkeit.
Viele biblische Geschichten berühren auch *ethische* und *moralische* Sachverhalte. Elia tötet am Schluß die Baalspriester. Das ist nicht der theologische Mittelpunkt der Geschichte, auf den es etwa ankommt. In der Geschichte selbst geht es um die Entscheidung für den wahren Gott über Leben und Tod. Aber für die Schüler kam es allerdings darauf an, ob Elia so handeln durfte. An diesem Punkt entzündete sich die heftigste Diskussion. Nicht das Verhältnis des Volkes Israel zu Gott (oder gar das eigene der Schüler zu Gott) geriet in den Mittelpunkt, sondern Elias Verhältnis zur Moral.
Mit Hilfe der im ganzen empirisch bewährten Theorie Lawrence Kohlbergs zur Entwicklung des moralischen Urteils kann man erkennen, daß einige Schüler auf einem *»vorkonventionellen Niveau«* urteilten. »Gott hätte noch mehr Anhänger gehabt, wenn Elia die Baalspriester nicht umgebracht hätte«, so der eine Schüler, Elias Handeln verurteilend. Wenn Elia die Priester hätte leben lassen, »dann hätten diese die Leute wieder herumgekriegt«, so ein anderer, Elias Verhalten rechtfertigend. Die Struktur des moralischen Urteils ist bei-

demal dieselbe: Es handelt sich um *Kosten-Nutzen-Erwägungen* vormoralischer Natur.
Andere gaben ihr vorkonventionelles Moralverständnis dadurch zu verstehen, daß sie das Ganze auf der Ebene der Einhaltung oder Nichteinhaltung von Spielregeln beurteilten: »Die haben ja verloren, die hatten (es) ja ausgemacht« – eine Art *strategisches Denken*. Die Gottesfrage wurde zu einer Angelegenheit eines Wettkampfes – für Kinder in diesem Alter eine spannende Sache. Verbreitet war auch das Denken in Kategorien des *gleichwertigen Austausches* (egalitäre Reziprozität: »Wie du mir, so ich dir«) – ein weiteres Merkmal vorkonventioneller ›Moral‹: »Die Priester haben den Tod verdient, weil sie das Volk gezwungen haben, immer die besten Stiere zu opfern, dabei gab es doch Baal gar nicht«.
Nur wenige Schüler urteilten in diesem Alter auf *konventionellem Niveau*, d. h. aus dem Bewußtsein der unbedingten Geltung einer gegebenen moralischen Ordnung. Für sie hatte Elia »das Gebot ›du sollst nicht töten‹ übertreten« und sich dabei in einen Selbstwiderspruch verwickelt: »... dabei dachte er doch an sich so stark an die Gebote«.
Wie prekär es werden kann, zeigte sich, als die Lehrerin versuchte, *Gott* selbst herauszuhalten: Er habe Elia nicht den Befehl zur Tötung gegeben. Blitzschnell fragte ein Schüler zurück: »Woher wissen Sie das?« Übertritt vielleicht Gott selbst sein Gebot? Worauf kann man sich dann noch verlassen? Nun drohte auch Gott in einen Selbstwiderspruch zu geraten.
Offensichtlich brauchen alle, die Kindern beim Nachdenken über Gott helfen wollen, damit sie nicht »hilflose Helfer« sind, neben entwicklungspsychologischen Einsichten auch argumentative theologische Hilfe und zugleich seelsorgerliche Begleitung. Es wäre nämlich eine Illusion, anzunehmen, von den elementaren Zweifeln und Anfechtungen, die im folgenden Kapitel zu behandeln sind, wären Christen als junge Helfer im Kindergottesdienst, als Erzieher im Kindergarten

oder als Religionslehrer ausgenommen, von den Eltern ganz zu schweigen.

Ehrliches Mitdenken mit den Fragen der Kinder und Jugendlichen kann freilich angst machen. Führt aber ein Umgehen der mit der Gottesfrage aufgeworfenen Probleme weiter? Oder helfen brüchige Beweise, die wir uns zurechtlegen, um unsere dogmatischen Gewißheiten nicht zu gefährden? Glaube in der Kirche von morgen sollte persönlich durchdachter Glaube sein. Er wird immer wieder auch persönlich durchlittener Glaube sein. Der Glaubenssinn christlicher Aussagen über Gott ist nicht wohlfeil zu haben. Die begleitende Hilfe wird anders aussehen müssen als in manchen Kreisen, wo es gilt, die Bibel im Grunde überall wörtlich zu nehmen, und man aneckt, wenn man Zweifel äußert. Wo Gott zur gedanklichen Herausforderung wird, ist eine theologisch argumentationsfähige Kirche verlangt.[29]

6. Zusammenfassung

Gott ist für Kinder ein zwischenmenschliches Geschehen, ein emotionales Ereignis, eine sprachliche Entdeckung, eine Gewissensangelegenheit und eine intellektuelle Herausforderung. Das hauptsächliche Medium hierbei ist die Phantasie, die Einbildungskraft. Das Bild Gottes, das Bild Jesu und das aller anderen biblischen Figuren, wenn die religiöse Unterweisung sie an das Kind heranträgt, sind in die in der Einbil-

29 Das Kirchenverständnis, das der Arbeit mit Kindern, besonders im Kindergottesdienst, zugrunde zu legen ist, geht in diesem Aspekt freilich nicht auf. Zur Kirche von morgen als missionarischer Kirche, als experimentierender Kirche in Bewegung und Vielfalt, als Kirche bei den Menschen ›unten‹, als theologisch sprachfähiger Kirche und als Lern- und Trostgemeinschaft vgl. *K. E. Nipkow*, Mit Kindern auf dem Weg zu einer Kirche von morgen, in: E. Dieterich/V. Horstmeier (Hg.), Arbeitsfeld Kinderkirche heute und morgen, Stuttgart 1986, S. 14–32.

dungskraft des Kindes entstehende, hin- und herwogende Bilderwelt imaginärer und zugleich realer Phantasiegestalten einbezogen, wobei jedoch Gott ein Wesen von unvergleichlicher Realität werden kann. Der im Kindergarten, Kindergottesdienst und Grundschulreligionsunterricht weitergegebene christliche Gott, der ›offizielle‹ Gott der kirchlichen Überlieferung, trifft auf einen in der Regel längst in der Phantasie ausgebildeten ›privaten‹ Gott des Kindes. Wie werden sich beide zueinander fügen? *Wie verbinden sich unsere religionspädagogischen Hilfen mit der inneren Geschichte des Kindes?* Für eine am Lebenslauf orientierte, die individuelle religiöse Lebenslinie ernstnehmende Religionspädagogik ist dies eine der religionspädagogischen Kardinalfragen.

Es gibt viele Möglichkeiten. Es kann sich gefühlsmäßig und zwischenmenschlich ein Staffellauf von Vertrauen zu Vertrauen fortsetzen wie bei Jacques Lusseyran, wenn nämlich auch die Erzieher und Lehrer verläßliche Vertrauenspersonen werden und sie die Bilder- und Erzählwelt des Evangeliums als unbedingtes Ja Gottes zur Welt und zu jedem einzelnen Menschen in den Mittelpunkt rücken. Es kann sich ferner auf gedanklicher Ebene ein Weg fortsetzen, den Kinder wie Desny und Mary gern gehen werden, weil sie ihre Zweifel und Fragen aussprechen dürfen und zu eigenen Gedanken über Gott ermutigt werden, anstatt nur schwer zu verstehende theologische Sätze der Erwachsenen nachsprechen zu müssen. Kurz: Es können sich Wege der Kontinuität, Vertiefung und differenzierten Klärung der Gottesbeziehung ergeben.

Es kann sich aber auch schon früh die religiöse Lebenslinie wie eine Spur im Sande verlaufen, dann etwa, wenn schon für die Eltern »Gott« nur ein Wort ihres Alltagsjargons ist (»Gott sei Dank«, »Herrgott nochmal«), aber nicht ein Wort ihrer eigenen existentiellen Vergewisserung, wenn sie ferner religiöse Sachverhalte belächeln oder die selbständigen Versuche ihres

Kindes mit einem geringschätzigen Achselzucken begleiten. Es kann ferner sein, daß der religiöse Brunnen einfach austrocknet und die religiöse Bilderwelt verarmt bleibt, weil das Kind nie eine Geschichte von Gott hört, nie eine Bilderbibel zur Hand nehmen kann und ihm der Reichtum der biblischen Geschichten auch im Religionsunterricht gerade zu einer Zeit vorenthalten wird, wo es gern zuhören würde. Vorherzusehen, weil klar vorherzubestimmen und zu durchschauen, sind freilich alle diese Wege nicht.

Eltern als Schicksal? Kindheit als Schicksal? Eltern können ihr Bestes getan haben, da aber das Kind sein Elternbild nicht nur anhand der realen Eltern und ihres tatsächlichen Verhaltens formt, sondern auch anhand eigener Vorstellungen und Phantasien über die Eltern, kann eine Mutter, die objektiv Liebe gegeben hat, subjektiv vom Kind als versagende, enttäuschende Mutter eingebildet werden. Ähnlich die Gotteserfahrung: Sie ist im Kindesalter auf höchst komplexe Weise aus realer und imaginierter Erfahrung zusammengesetzt. Als christliche Eltern und Erzieher brauchen wir die Rechtfertigungsbotschaft, damit uns das unerklärliche Scheitern in der religiösen Erziehung unserer Kinder nicht erdrückt. Sonst nehmen die Selbstvorwürfe kein Ende.

III Zur Gottesfrage im Jugendalter

Man kann als Religionspädagoge lange über das Thema »Jugend und Religion« arbeiten und doch die Gottesfrage noch nicht zu Gesicht bekommen. Zwischen 1980 und 1984 stand für den Verfasser die Herausforderung durch die sogenannte »neue Religiosität« im Mittelpunkt der Aufmerksamkeit. Damit waren nicht nur und vor allem nicht in erster Linie die nichtchristlichen »Jugendreligionen« gemeint. Was zu denken gab, war das unübersehbare Engagement vieler Jugendlicher in christlichen Bewegungen, in liturgischen (Taizé), evangelistisch-missionarischen, charismatischen sowie nicht zuletzt in christlichen Initiativen, die von ökologischer, politischer und sozialer Sorge erfüllt sind.[1] Auch der im letzten Jahrzehnt gewaltig angewachsene Zulauf zu den Kirchen- und Katholikentagen spiegelt eine neue Bereitschaft unter jungen Menschen.[2]

1. Auf dem Wege zum Thema – neue Religiosität, Kirchentagsjugend, Berufsschuljugendliche

Die zentrale Untersuchungskategorie war die der *Sinnfrage*. Es konnte nicht darum gehen, die Sehnsucht von jungen Menschen vorschnell als Ausdruck sündhaften Strebens nach

1 Eine Zusammenfassung dieser Studien findet sich in meinen Beiträgen zum Funkkolleg Religion: Volkskirche und neue Religiosität, in: P. Fiedler u. a. (Hg.), Funk-Kolleg Religion, Bd. 2, Gütersloh/Düsseldorf 1985, S. 230–253; ferner: Volkskirche und neue Religiosität, in: P. Fiedler u. a. (Hg.), Studientexte Funkkolleg Religion, Weinheim u. Basel/Gütersloh/Düsseldorf 1985, S. 407–426.

2 Vgl. *T. Schmieder/K. Schuhmacher* (Hg.), Jugend auf dem Kirchentag. Eine empirische Analyse von A. Feige, I. Lukatis, W. Lukatis, Stuttgart 1984.

Selbstverwirklichung zu brandmarken. Das wissenschaftlich zu bearbeitende Thema war nicht die pseudoreligiös überhöhte und eigenmächtige Antwort des Menschen auf die Frage nach dem Lebenssinn schlechthin.[3] Erfahrungen von Sinn oder Sinnlosigkeit sind zunächst immer auch konkret beschreibbare Phänomene. Warum üben die verschiedenen religiösen Bewegungen auf manche Jugendliche eine so große Anziehungskraft aus? Antworten sie überzeugender auf bestimmte Erwartungen als die Kirchen? Das war die begrenztere Aufgabe.

Wer so fragt, wird auf den Weg funktionaler Analysen geführt. Sie waren bei der Verbindung von Befunden aus der Jugendforschung mit solchen aus der religionssoziologischen Forschung aufschlußreich, unbeschadet ihrer einleitend genannten Grenzen (vgl. oben S. 17f.).[4] Die Erfahrung von Sinn oder Sinnlosigkeit hat erstens eine *Zeitdimension*. Sinn hat mit Zukunft zu tun. Für Jugendliche geht es vor allem um ihre persönliche Zukunft. Nach jugendpsychiatrischen Befunden lassen sich die Reifestörungen Jugendlicher, die heute verstärkt auftreten, wie die Symptome der »Depression« und des »Rückzugs in die Kindheit«, aus dem »Mangel an Zukunftsperspektiven« erklären (R. Lempp). Darüber hinaus kann die persönliche Zukunftsaussicht durch die angstbesetzte Frage nach der kollektiven Zukunft der Gesellschaft oder gar der ganzen Menschheit schwer beeinträchtigt werden.

Auffälligerweise haben nun neue religiöse Bewegungen gerade hier in der Regel eine Antwort bereit. In unsicher gewor-

3 Auf dieser Ebene verbleibt die Studie von *G. Sauter*, Was heißt: nach Sinn fragen? Eine theologisch-philosophische Orientierung, München 1982.

4 Zum folgenden vgl. besonders *K. E. Nipkow*, Sinnlosigkeit und »neue Religiosität« im Erleben der Jugendlichen als pädagogische Herausforderung, in: F. Bohnsack (Hg.), Sinnlosigkeit und Sinnperspektive. Die Bedeutung gewandelter Lebens- und Sinnstrukturen für die Schulkrise, Frankfurt/M. u. a. 1984, S. 90–115.

denen Gesellschaften und in Kirchen, die mit der *»Eschatologie«*, der Lehre von den letzten Dingen, nichts mehr recht anzufangen wissen, bieten sie den Menschen anscheinend klare Auskünfte über »Gottes Wiederherstellungsplan« auf Erden an, so die »Vereinigungskirche« des Koreaners San Myung Mun.

Wie auf der Zeitdimension läßt sich die Sinnsuche zweitens auch auf der *emotionalen* und *sozialen Dimension* konkreter identifizieren. Aus der Sicht der Jugendforschung ist für die Orientierung Jugendlicher die »Gruppe« und die »Gesellschaft der Altersgleichen« besonders wichtig. Dem entspricht, wiederum in bezeichnender Parallelität, daß neue religiöse Bewegungen die Teilnahme an einer *»liebenden Gemeinschaft«* in den Mittelpunkt rücken. Nach John Lofland bilden »das Gefühl, geliebt zu werden, und der Wunsch, in der liebenden Umarmung mit anderen ›zusammenzuschmelzen‹« ..., geradezu das »Kernelement«[5]. In manchen Organisationen hüllt man den umworbenen Neuankömmling bewußt vom ersten Augenblick an mit Liebe ein – »love-bombing« nennt es Lofland ironisch:

»Man hat mich ständig angelächelt, in den Arm genommen, gestreichelt. Ich fühlte mich als ein ganz besonderer Mensch, den jeder braucht.«[6]

Neue Religiosität nimmt innerhalb und außerhalb der Kirchen weithin den Charakter von *»Gruppenreligiosität«* an. Sie ist durch familienähnliche Muster gemeinschaftlichen Zusammenlebens geprägt. Die Vorstellung von der Kirche als »familia Dei« ist selbst in manchen ökumenischen Kreisen verbreitet, obwohl hier primär die Kirche als »das ganze Volk Gottes« angesehen wird.

5 *J. Lofland*, »Becoming a World-Saver«. Revisited, in: American Behavioral Scientist, vol. 20, no. 6 (1977), S. 811.

6 A.a.O., S. 812.

Sinnerfahrung und Sinnlosigkeitserleben haben drittens eine *kognitive* Dimension. E. H. Erikson hat herausgearbeitet, welche Bedeutung möglichst einfach gehaltene »Ideologien«, d. h. fest umrissene, plausible Weltanschauungen für Jugendliche haben. Wieder fällt auf, daß neuere religiöse Strömungen auch hierauf funktional ›passend‹ antworten. Sie vermeiden durchweg zu komplizierte theologische Gedankengänge, bieten ein *vereinfachtes Welt- und Gottesbild* an und halten damit die dogmatischen Schwellen für den Eintritt in ihre Gruppierungen relativ niedrig.

»Immer wenn ich eine theologische Frage stellte, schauten mich die Führer der Gruppe sehr beeindruckt und erfreut an. Sie schienen mit mir übereinzustimmen und gaben mir dann eine große ›Dosis‹ an Liebe. Vielleicht bemerkten sie auch noch, daß der Zusammenhalt der Gruppe und Gottes Liebe höchst wichtig seien.«[7]

Durch die Untersuchung dieser und noch anderer Aspekte zur religiösen Situation im Jugendalter ergaben und ergeben sich manche Einsichten. Aber ist man damit der Gottesfrage schon nahe genug gekommen? Die bisher leitenden Gesichtspunkte werfen zwar ein Licht auf wichtige Aspekte, auf die Hoffnung für die Zukunft auf Grund einer klaren Perspektive, auf die Erfüllung in der Gegenwart im Erlebnis einer liebenden Gemeinschaft, auf die Bedeutung von Gruppenzugehörigkeit und auf die Aussicht auf Rettung im Rahmen einer vereinfachten religiösen Gesamtschau. Führen aber diese Kategorien bereits an den Kern des Verhältnisses zwischen Gott und Mensch heran? Die Reichweite des Zugangs ist auch darum begrenzt, weil die in dem angedeuteten Sinne religiös engagierten Jugendlichen nur eine Minderheit darstellen. Mußte nicht nüchtern nach der Mehrheit Ausschau gehalten werden?

7 A.a.O., S. 812.

Der nächste Schritt war der genauere Blick auf die große Anziehungskraft der *Kirchentage*. Eine seit Ende der 60er Jahre in der Mitarbeit in der Ökumene erlebte und besonders seit den Eindrücken auf der 5. Vollversammlung des Ökumenischen Rats der Kirchen 1975 in Nairobi verfolgte Vision schien das Denken und Handeln von immer mehr Jugendlichen inzwischen zu bestimmen: die *Verbindung von Weltverantwortung und Spiritualität*. Studien über die Kirchentagsjugend haben es eindrücklich nachgewiesen[8]: Die meisten Teilnehmer sind einerseits von der Leidenschaft zu helfen bewegt. Darum engagieren sie sich für soziale Gerechtigkeit, Aufhebung von Rassismus, Einhaltung der Menschenrechte, Bewahrung von Natur und Umwelt und die Erhaltung des Friedens. Andererseits treibt sie gleichzeitig der Hunger nach dem Wort Gottes in die Säle, wo die Bibelarbeiten stattfinden, und sie atmen durch und atmen auf zu Gott in Gebet, Gesang, Meditation und der Feier des Herrenmahls.
War ich jetzt der Mitte der religiösen Problematik heute nähergekommen? Der Eindruck konnte auch täuschen, wenn man sich nicht folgenden Sachverhalt klarmachte: »Auf dem Kirchentag sind jene in der Minderheit, die strengste Verbindlichkeit biblischer Aussagen und kirchlicher Glaubenssätze postulieren und für sich selbst geltend machen. Unter den jungen Teilnehmern dominieren vielmehr jene, die mehr oder weniger große Schwierigkeiten mit den biblischen Bezugstexten und den kirchlich-institutionell dogmatisierten Bekenntnisformulierungen bekunden. Sie sind aber nicht etwa nach herkömmlicher Definitionsart ›Randsiedler‹ in der Kirche, sondern im kirchlichen, meist gemeindlichen Leben überwiegend fest verankert. In ihrer kritisch-skeptischen und zugleich tendenziell wohlwollenden Grundbefindlichkeit

8 Vgl. T. Schmieder/K. Schuhmacher, a.a.O.

unterscheiden sich viele Kirchentagsbesucher nicht von einem großen Teil der jungen Volkskirchenmitglieder.«[9]
Auf der Suche nach dem, was die Mehrheit der Jugendlichen umtreibt, die jungen Volkskirchenmitglieder einschließlich der Kirchentagsjugend, mußte darum folgendes Votum einer Teilnehmerin von Hannover paradigmatische Bedeutung erhalten. Für sie war die eindringlichste Erfahrung,

»gesehen zu haben, wie viele Menschen an der Existenz Gottes zweifeln und sich trotzdem bemühen und ihn bitten, sie glauben zu lassen ...« (ebd)

Die zweifelnden und sich um den Glauben abmühenden Jugendlichen sowie die, die vielleicht noch nicht einmal von der Sinnfrage, geschweige der Gottesfrage berührt sind – ihnen galt es alle Aufmerksamkeit zuzuwenden.
Nach Rainer Döberts ironischer Analyse gibt es in unserer Gesellschaft eine Reihe von »Mechanismen«, die »vor zuviel Reflexivität schützen«, so daß man noch nicht einmal die allgemeine Frage nach dem Lebenssinn stellt. Zu den uns in Beschlag nehmenden Formen der *»Sinnvermeidung«* gehören für Döbert »rastlose Berufsarbeit«, »glückliches Familienleben«, »Rückzug auf die Konsumsphäre«, bei Jugendlichen speziell auch »Sinnstiftung« durch »Action«[10]. Action ist der mehr oder weniger bewußtlose Vollzug spontan einfallender und aufregender Handlungen, die für einen Augenblick alle Sinne absorbieren, so daß das Gefühl entsteht, man lebe, existiere, sei etwas, mag man auch sich und anderen dadurch nur Stuntman-Eigenschaften beweisen. »Action absorbiert die beteiligten Individuen, trägt sich selbst, schneidet alle Fragen

9 A. Feige u. a., in: T. Schmieder/K. Schuhmacher, a.a.O., S. 134.
10 *R. Döbert*, Sinnstiftung ohne Sinnsystem? Die Verschiebung des Reflexionsniveaus im Übergang von der Früh- zur Spätadoleszenz und einige Mechanismen, die vor möglichen Folgen schützen, in: W. Fischer/W. Marhold (Hg.), Religionssoziologie als Wissenssoziologie, Stuttgart 1978, S. 65ff.

nach dem Sinn des augenblicklichen Handelns ab«, schützt aber immerhin »erfolgreich vor der drohenden Sinnlosigkeit«[11].

An sich könnte die in der Jugendzeit potentiell aufbrechende Sinnfrage, jetzt nicht mehr bezogen auf einzelnes, sondern auf das Ganze des Lebens, die zweite große Gelegenheit nach der Kindheit werden, Gott kennenzulernen. Untersuchungen über die Umstände und den Zeitpunkt religiöser Bekehrungen haben diese Tatsache schon seit langem nachgewiesen. Trotzdem gilt heute zunächst das Gegenteil. Unsere Gesellschaft erlaubt es, »die Gesamtbiographie so zu organisieren, daß sich die Frage nach dem Sinn des Lebens überhaupt nicht stellt, oder daß das Leben als sinnvoll empfunden wird, ohne daß religiöse Deutungssysteme irgendeine Rolle spielen«[12]. Niemand bestraft ein Leben ohne Gott, sanktioniert es negativ, wenn Jugendliche apodiktisch formulieren: »Gott ist ein Aberglaube«, »Ich halt nichts davon«, »I don't know«, »Für mich ist Gott nur Tradition«[13].

1984 fand sich die Gelegenheit, inmitten der umrissenen anderen Fragestellungen zum Thema »Jugend und Religion heute« – die dadurch nicht hinfällig werden – der *Gottesfrage selbst* nach- und damit dem Komplex »Sinnfrage und Religiosität« auf den Grund zu gehen. Es ergab sich der Zugang zu noch nicht ausgewerteten Aussagen über Gott aus dem Mund der Mehrheit unserer Jugendlichen, der Berufsschuljugend.

Die lapidare Verabschiedung Gottes kann vielerlei Ursachen haben. Im folgenden seien *vier Entscheidungsfelder bzw. Einbruchstellen* für den Verlust des Gottesglaubens näher be-

11 A.a.O., S. 70.

12 A.a.O., S. 65.

13 *R. Schuster*, Was sie glauben. Texte von Jugendlichen, Stuttgart 1984, Nr. 67/1135, 67/1138, 67/1137, 68/1156. Die Texte der Jugendlichen werden im folgenden nach den laufenden Nummern zitiert, und zwar ohne sie hinsichtlich Rechtschreibung und Zeichensetzung zu verbessern.

schrieben. Sie erst legen die letzten, die ausschlaggebenden, die so schwer ausräumbaren Anfechtungen bloß und machen verständlich, was mit der Gottesfrage als dem übriggebliebenen »Rest« und »Kern« gemeint ist.

Als Grundlage diente die Textsammlung mit Äußerungen von 1236 Jugendlichen, die im genannten Jahr von Robert Schuster unter Mitwirkung einer Gruppe von Religionslehrern herausgegeben worden war.[14] Die umfängliche Erhebung war gezielt auf die Gottesfrage gerichtet und ist eine einzigartige Fundgrube an Material zumindest für die Formulierung von Hypothesen. Es handelt sich um Texte, die im Winter 1982/83 in 70 Klassen des Berufsschulbereichs (Berufsvorbereitungsjahr, Berufsgrundbildungsjahr, Berufsschulen, Berufsfachschulen, Berufskollegs, berufliche Gymasien) im württembergischen Landesteil von Baden-Württemberg in ländlichen, mittelstädtischen und großstädtischen Regionen erhoben werden konnten. Für den Südwesten der Bundesrepublik ist die Erhebung repräsentativ. Darstellung und Diskussion der Ergebnisse der Auswertung an anderen Orten haben das gewonnene Bild durchweg bestätigt. Trotzdem liegt in der Regionalität der Untersuchung ihre erste Grenze. Eine zweite besteht darin, daß den Äußerungen nicht durch tiefer nachfragende Interviews nachgegangen werden konnte.

Das Alter der Schüler betrug 16 bis 20 Jahre und vereinzelt darüber. Die Schüler, mehrheitlich evangelische, konnten sich anonym äußern. Entgegen den Erwartungen der Religionslehrer taten sie es in einer überraschenden Bereitwilligkeit. Die angegebene Zahl der Weigerungen war gering. »Es darf davon ausgegangen werden, daß kaum irgendwo die Gefahr bestand, daß die Jugendlichen ihr Schreiben als Test oder Klassenarbeit ansahen«[15]. Mein Gesamteindruck bestätigt

14 Vgl. Anm. 13.
15 A.a.O., S. 7.

dies: Die Äußerungen klingen ehrlich, unbefangen, unbeeinflußt.

Die Texte sind unterschiedlich ausführlich und reichen von wenigen Worten bis zum Umfang einer Druckseite. Sie sind innerhalb einer Unterrichtsstunde verfaßt worden. Den Schülern hatte man empfohlen, an Vorgaben anzuknüpfen, die in Form von Satzanfängen in mehr neutraler oder in Form von Zitaten in mehr provokativer Weise auf die Gottesfrage aufmerksam machten.[16] Von besonderem Gewicht ist die Erhebung darum, weil es sich um jene Jugendliche handelt, die rund 80 % unserer Jugend bilden.

Die Auswertung ist im Anschluß an Barney G. Glaser und Anselm L. Strauss nach den Gesichtspunkten der sogenannten *qualitativen Analyse* vorgenommen worden mit der Konzentration auf wiederkehrende Merkmale, die es erlauben, zu »theoretischen Kernkategorien« (core theoretical categories) vorzudringen.[17] An anderer Stelle habe ich die Untersuchungsmethoden genauer beschrieben.[18] Wo es möglich war,

16 Den Schülern waren in der Regel folgende Satzanfänge, Fragen bzw. Zitate vorgegeben worden:
»Gott ist ...
Ich glaube an Gott, weil ...
Ich glaube nicht an Gott, weil ...
Wie stellen Sie sich Gott vor?
Woran denken Sie bei dem Wort Gott?
›Gott sei Dank gibt es nicht, was sich 60–80 Prozent der Eidgenossen unter Gott vorstellen.‹ (Karl Rahner, Theologe)
›Worauf du nun dein Herz hängst und verläßt, das ist eigentlich Dein Gott.‹ (Martin Luther)
›Hütet euch vor den Menschen, deren Gott im Himmel ist!‹ (Bernhard Shaw, Schriftsteller).

17 *B. G. Glaser/A. L. Strauss*, A Discovery of Grounded Theory. Strategies for Qualitative Research, New York 1979.

18 Die Gottesfrage bei Jugendlichen – Auswertung einer empirischen Umfrage, in: U. Nembach (Hg.), Jugend und Religion in Europa, Frankfurt/M. u. Bern 1987.

sind außerdem andere empirische Untersuchungen herangezogen worden.

2. Gott – Helfer und Garant des Guten?

Es kann nicht überraschen: Das Nein zu Gott und das Ja zu ihm hängen – jeweils komplementär – an denselben Sachverhalten. Der erste ist die *Erwartung an Gott als liebevollen Helfer.* Sie spiegelt eine der beiden oben umrissenen Grunderfahrungen des Kindes und ihre Ambivalenz wider: das Ineinander von Zuwendung und früher Enttäuschung, von Vertrauen und Mißtrauen (s. oben S. 27). Für viele Jugendliche scheint alles von diesem einen Umstand abzuhängen: Entweder hilft Gott oder nicht, und zwar möglichst konkret im Alltag.

»An Gott glaube ich nicht, ich habe keinerlei Beziehung zu ihm. Denn früher, wo ich ab und zu in der Klemme saß, betete ich viel und er half mir nie« (Elektromaschinenbauer, 4. Jahr, zwischen 20 und 24 J., R. Schuster, 10/0168).

Meist werden mehrere Ablehnungsgründe zusammen aufgeführt: Gedankliche Widersprüche (fragwürdige ›Wunder‹ in der Bibel), Unglaubwürdigkeit der Christen (Kirchen, die »zerstritten und gespaltet und uneinig« sind und die »sich sogar bekämpfen«, ebd.) und anderes. Im Vordergrund steht jedoch die Grunderwartung an *Gott als Verkörperung von Güte und Garant des Guten.* Mit dieser Erwartung stößt die Sehnsucht nach einer »liebenden Gemeinschaft« (vgl. oben S. 45) zur Gottesfrage durch.
Die Jugendlichen möchten Gott persönlich spüren und als *Handelnden* erfahren; diese zweite ›Eigenschaft‹ ist mit der des liebevollen Helfers aufs engste verbunden. Die emotionale und die praktische Seite der gesuchten Gotteserfahrung

liegen ineinander. Gott als Helfer – das heißt damit zugleich: Gott als der, den man als wirksam eingreifende Macht erfährt. Gott soll *Macht* haben, mehr Macht noch als die Eltern, deren Grenzen man als Kind schon recht bald schmerzhaft erkennen mußte. Er soll das Gute machtvoll garantieren. Die andere oben umrissene kindliche Grunderfahrung schimmert durch, die Dialektik von Macht und Ohnmacht.

Geklagt wird, daß man Gott »noch nie persönlich erlebt« habe (15/0262), daß er sich nicht »zeigt«, nicht »bemerkbar« macht (23/0414). Wenn festgestellt wird, daß man ihn noch nicht »gesehen« habe, ist in der Regel nicht die äußere Sichtbarkeit gemeint, nicht nur oder nicht mehr das Problem, wie man sich Gott vorstellen könnte, sondern die *Erfahrbarkeit seines Wirkens*. Dies wird am Übergang der Argumentation in der folgenden Äußerung deutlich:

»Was macht es mir schwer an Gott zu glauben? An Gott zu glauben ist schwer, da ich ihn nie leibhaftig gesehen hab. Auch die alten Überlieferungen sind zweideutig und machen das Glauben an Gott noch zweifelhafter. In Situationen in denen er helfen soll ist er meist nicht da.
Wer ist Gott für mich? Gott ist für mich ein Lebensgestalter, der mir in manchen Situationen beisteht und hilft, in anderen mich aber verschmähen läßt (sic)« (Berufsfachschüler, Metall, ca. 16 J., 69/1186).

Auch die Glaubwürdigkeit der Überlieferung spielt für diese jungen Menschen eine Rolle. Der entscheidende Punkt aber scheint wiederum zu sein, daß man Gott ›sieht‹, indem er hilft. Manchmal wird der Wunsch nach greifbarer Gottesnähe mit Verzweiflung in der Stimme förmlich hervorgestoßen. Für den folgenden ausländischen Malerlehrling (ca. 16 J.) existiert zwar Gott, das hält er für wahr, aber noch fehlt ihm die existentielle Gewißheit auf Grund unmittelbarer persönlicher Erfahrung:

»Gott ist der Herr im Himmel, das steht ganz fest, das glaub ich sehr ernst, nur ich möchte ihm einmal begegnen! Bitte helf mir!!!« (22/0414).

Insgesamt geht es um Gottes*erkenntnis* und Gottes*glaube* auf Grund von Gottes*erfahrung*. Eine erfahrungsorientierte Religionspädagogik hat dies im Prinzip heute erkannt. Es kommt jedoch darauf an, noch entschiedener die Lebenserfahrungen der Schüler mit ihrer Gotteserfahrung zusammen zu sehen. Schüler machen Gotteserfahrungen und suchen sie, nicht außergewöhnliche Erfahrungen, keine mystischen oder ekstatischen, sondern Erfahrungen in ihrem nahen Alltag. Die Texte sind immer nach zwei Seiten hin zu lesen. Sie sind Dokumente des Festhaltens an Gott sub contrario, unter dem Gegenteil, in der Dunkelheit der Gottesferne.
Im einzelnen wird Gott besonders in *Notsituationen* erwartet. Hierbei geht es noch für 16jährige und ältere Jugendliche häufig um sehr konkrete, punktuelle notvolle Einzelanliegen: eine Klassenarbeit schreiben, den Führerschein erwerben, den Kummer mit seiner Freundin überwinden. Erwartungen an Gott dürfen konkret sein, oder es sind keine Erwartungen. Nichts also gegen konkretes Beten! Zu fragen ist jedoch, in welcher Grundhaltung Gottes Hilfe erbeten wird. Wird das »Dein Wille geschehe« mitgesagt, oder wird Gott als der zuverlässige, enttäuschungsfeste Wunscherfüller gesucht, der automatisch zur Stelle sein soll, ein Teddybärgott?
Andere brauchen Gott als *Ideal*, sehen ihn als eine Verkörperung von allem Schönen und Guten, als »das geeignete Idol«, wie ungeniert eine 17jährige Hauswirtschaftsschülerin sagt. Dies *Idol* darf ebenfalls nicht enttäuschen: »... sobald etwas Schlimmes passiert gerate ich sofort wieder in Zweifel«, fügt die Siebzehnjährige hinzu (02/0023). Eine andere Gleichaltrige möchte »nur schöne Gefühle und nichts Böses« mit Gott verbinden (02/0038). Während die Erwartung an den

Wunscherfüller-Gott kindliche Haltungen spiegelt, macht sich jetzt als adoleszenztypische Erwartung das Interesse an neuen Identifikationen bemerkbar.
Ein Vertrauens- und Glaubensverlust kann schon auf allen diesen Ebenen erfolgen. Am schwersten wiegt die Enttäuschung jedoch, wenn Gottes Hilfe im *unerklärlichen Leid* ausbleibt, bei Krankheit, Schmerzen und angesichts des Todes, besonders des frühen Todes von Menschen im gleichen jungen Alter. Schlimm wird es, wenn zusätzlich Katastrophen im gesellschaftlichen Bereich hinzukommen. Häufig wird auch die allgemeine Ungerechtigkeit in der Welt genannt. Aber man muß auf Grund der Textauswertungen bezweifeln, wie stark sie wirklich von den meisten als qualvoll empfunden wird; manche sprechen nur geläufige Vorwürfe an Gottes Adresse formelhaft nach. Hier könnten nur vertiefende Interviews Aufschluß geben. Folgende Äußerungen dagegen klingen authentisch. Ein Maurer, etwa 18 Jahre alt:

»Ich glaube nicht an Gott, denn ich habe schon so viel Schreckliches erlebt: Unfälle, wobei gute Freunde gestorben sind, Katastrophen usw., das geht einfach über meinen gedanklichen Horizont, daß solche Dinge passieren ohne daß dieser Gott eingreift und den Leuten hilft« (26/0469).

Ein Elektrotechniker, 16 Jahre alt, hat noch bis vor kurzem an Gott geglaubt; er war auch im Jugendkreis des CVJM. Mit 10 Jahren verlor er seine Mutter. Damals traten erste Zweifel auf, aber sie schlugen nicht durch. Nun war er im Krankenhaus und sah Menschen nicht mit »selbstverschuldeten Unfällen«, sondern »die wirklich schlimm dran waren ...«, mit »Krankheiten für die sie nichts konnten«. Zuletzt schließlich seine Begegnung mit einem 19jährigen Mädchen.

»Sie erzählte mir, daß sie einen Tumor im Arm und einen in der Gebärmutter hat. Wenn sie sich aufregt, dann muß sie Blut husten, weil sie früher mal gekifft hat. Einige Verwandte

von ihr sind schon an Krebs gestorben, und sie hat Angst, daß sie auch Krebs hat.
Seitdem ich das weiß, kann ich nicht mehr an Gott glauben, weil er so grausam zu den Menschen ist und ihnen viele Schmerzen (nicht nur körperliche) bereitet. Wenn man an Gott glaubt, muß man vieles von dem was ich geschrieben habe übersehen. Lieber keinen Gott als so einen, an den so viele glauben« (34/0610).

Zusammengefaßt erscheint als die erste Einbruchstelle für den Verlust des Glaubens an Gott – vielleicht als die zentrale – die Enttäuschung über Gott als Helfer, als den nur vermeintlich »lieben Gott«. Sie ist in jüngeren Jahren die Enttäuschung über Gott als kindlich erwarteten Wunscherfüller, der stets zur Stelle sein soll, später die Enttäuschung über die ausgebliebene Hilfe angesichts von unverschuldetem Leiden und unerklärlichem Sterben, ferner die Enttäuschung über ausgebliebene Hilfe angesichts des Elends und der Ungerechtigkeit in der Welt allgemein. Hierbei geraten nicht nur die intensiver reflektierenden Jugendlichen vor die Selbstwidersprüchlichkeit Gottes zwischen Allmacht und Liebe. In verschiedenen Facetten zeigt sich die *Theodizeeproblematik* als die erste und wahrscheinlich größte Schwierigkeit in der Gottesbeziehung überhaupt.
Im einzelnen, so scheint es, weitet sich der Raum der Erwartungen und der entsprechenden Enttäuschungen in den Jugendjahren von punktuellen zu allgemeineren Sorgen und Nöten aus. Ferner scheint er sich gleichzeitig von oberflächlichen zu weniger ichbezogenen Erwartungen zu vertiefen. Es könnten in ähnlicher Weise Entwicklungsstadien vorliegen, wie sie für die Entwicklung von Sinnlosigkeitserleben und Sinnkonzepten in Untersuchungen zu Selbstmordmotiven Jugendlicher festgestellt worden sind.[19] Von existentieller

19 Zu Stadien in der Sinn- und Sinnlosigkeitserfahrung und der Konzeptualisierung von »Sinn« vgl. *R. Döbert/G. Nunner-Winkler*, Formale und materiale Rollenübernahme: Das Verstehen von Selbstmordmotiven im Jugendal-

Bedeutung sind für die Jugendlichen jedoch die einen wie die anderen Erwartungen. Daher müssen sie alle ernstgenommen werden, mögen uns Erwachsenen die einen auch reifer und differenzierter erscheinen.

Was folgt *religionspädagogisch*? Wo immer die Kirche gegenüber jungen Menschen pädagogische Verantwortung hat, ist die Theodizeefrage vorrangig zu behandeln. Gerade dies erste Thema führt jedoch jede Form christlicher Unterweisung, besonders den schulischen Religionsunterricht, an innere Grenzen. Wie soll Unterricht die Erfahrung des helfenden Gottes vermitteln? Er verfügt nicht über sie. Sie kann nur in Bericht, Erzählung, Meditation und Gespräch gegenwärtig werden.

Der Religionslehrer ist bei diesem Thema ferner seelsorgerlich gefordert und schnell überfordert. Wie die Befragung zeigt, hat er es im Grunde mit jeweils sehr unterschiedlichen individuellen religiösen Lebensgeschichten zu tun. Dennoch besteht eine Chance. Es ist möglich, die allgemeingültigen Seiten des Themas so zu erschließen, daß der einzelne Schüler die für ihn persönlich hilfreiche besondere Antwort daraus ableiten kann.

Eine wichtige Voraussetzung für einen gelingenden Unterricht ist der Umstand, daß die Theodizeefrage in unerhörter Weise angemessenes theologisches Denken herausfordert. Gegen das sorgsame Durchdenken dieser schweren Frage sollte nicht leichtfertig die Rede von der vermeintlich bedeutsameren religiösen Erfahrung ausgespielt werden. Die genannte Seite der Gottesfrage reicht in eine existentiell erschüt-

ter, in: W. Edelstein/M. Keller (Hg.), Perspektivität und Interpretation, Frankfurt/M. 1982, S. 320–374. Um die Identifizierung von drei Entwicklungsstadien hinsichtlich der Konzeptualisierung der Theodizeeproblematik bemüht sich zur Zeit Johann A. van der Ven (Nijmegen). Vgl. ferner zur Thematik *H. Hollenstein*, Der schülerorientierte Bibelunterricht am Beispiel der Theodizeefrage, Aachen 1984 (Rph 16).

ternde Tiefe, wo die Unterscheidung zwischen Denken und Fühlen aufgehoben ist.

Für die Praxis können wertvolle religionspädagogische Anleitungen genutzt werden.[20] Besonders legt sich die Arbeit an Biographien und Autobiographien nahe.[21] Man kann nur bedingt von außen über das Thema sprechen, angemessen eigentlich nur mit Betroffenen im Mitbetroffensein. Man kann nicht raten und helfen, bevor nicht die Betroffenen autobiographisch selbst zu Wort gekommen sind.

In *theologischer* Sicht sind einige Antwortlinien fragwürdig. Eine Rechtfertigung auf der Linie der Argumente der Freunde Hiobs ist schwer erträglich, obwohl auch die Freunde nicht nur Unrecht haben. Auf der anderen Seite kann auch nicht an irgendeiner anderen Stelle des Hiobbuchs *die* Antwort gefunden werden. Vielleicht ist der Weg Hiobs darum hilfreich, weil Hiob »zwischen Resignation und Rebellion« schwankt. Dies trifft sich mit der Ambivalenz der eigenen Einstellung des Jugendlichen zum Leiden. »In Hiob findet er vieles, was ihm geradezu theologisch verboten scheint, wieder und gewinnt zumindest Achtung dafür, daß die Bibel nicht die Erzählung wohlfeiler Sentenzen darstellt.«[22]

In Lebensenttäuschungen oder gar unverschuldetem Leiden können nicht ohne weiteres Strafen Gottes gesehen werden.

20 *K. Wegenast*, Der Religionsunterricht in der Sekundarstufe I, Gütersloh 1980, S. 187ff; *H. Schröer*, Didaktische Notizen zum Thema Leiden mit besonderer Aufmerksamkeit auf die Bedeutsamkeit biblischer Exegese, in: EvErz 36 (1984), S. 572–590; s. auch das Themaheft des EvErz 5/1984 im ganzen; ferner das Themaheft der Zs. Religion heute 2/1986.

21 Vgl. die umfassende Bibliographie und Auswertung in *E. Schuchardt*, Warum gerade ich ...? Behinderung und Glaube, Gelnhausen, 2. erw. Aufl. 1984, ferner: Jede Krise ist ein neuer Anfang. Aus Lebensgeschichten lernen, hg. und eingel. von E. *Schuchardt* unter Mitarbeit von *M. Winkelheide*, Düsseldorf 1984.

22 H. Schröer, a.a.O., S. 584.

Ebenso aber darf Leid als Strafe nicht ausgeschlossen werden, sonst verstellt man sich den ethischen Zusammenhang. »Es gibt viele Formen des Leidens, die bestätigen: Es heizt der Mensch sich seine Hölle meistens selbst.«[23] »Das Entscheidende ist, daß die Differenz zwischen überwindbarem oder aufhebbarem und unvermeidbarem Leid nicht von vornherein festliegt« (ebd.). Das folgende Gebet lädt daher zur Meditation ein:

»Herr, gib mir Gelassenheit, Dinge hinzunehmen,
die ich nicht ändern kann.
Gib mir Mut, Dinge zu ändern, die ich ändern kann und
gib mir die Weisheit, das eine vom anderen zu unterscheiden.«

Hüten muß man sich auch vor einer schnellen theologischen Verklärung des Leidens als einer willig zu übernehmenden Form der Nachfolge Christi, wenn neben Hiob als zweiter biblischer Textzusammenhang die Passionsgeschichte einbezogen wird. Gott will nicht das Leid; Gott will nicht den Tod – das ist die Botschaft des christlichen Glaubens. Darum dürfen Menschen mit dem klagend-anklagenden Jesus fragen: »Mein Gott, mein Gott, warum hast du mich verlassen?« (Mk 15,34). Gott leidet selbst, wenn Menschen leiden und will für sie leiden; dies zeigt das Kreuz. Gott ist Liebe und darum mit uns ohnmächtig. Nicht die Überlegenheit seiner abstrakt gedachten Allmacht, sondern die Barmherzigkeit seiner konkret gespürten Ohnmacht gibt, paradox genug, Halt.[24]

23 A.a.O., S. 588.

24 Vgl. zur theologischen Diskussion u.a. *D. Sölle,* Leiden, Stuttgart 1973; *E. Jüngel,* Gott als Geheimnis der Welt, Tübingen[3]1979, S. 69ff, ders. in: W. Jens (Hg.), Warum ich Christ bin, München 1979, S. 207–215; *G. Ebeling,* Dogmatik des christlichen Glaubens, Bd. III, Tübingen 1979, S. 511ff; *W. Sparn* (Hg.), Leiden – Erfahrung und Denken. Materialien zum Theodizeeproblem, München 1980. Eine instruktive Übersicht über die wichtigsten Antwortversuche bei E. Schuchardt: Warum gerade ich...?, a.a.O., S. 92ff.

Auf diesem Hintergrund verbietet sich schließlich eine pädagogische Instrumentalisierung in den beiden Formen: »Du leidest, damit du dadurch lernst« und »Du leidest, damit ich dadurch lerne«. Das erste dürfte nur der Betroffene selbst sagen, falls es ihm möglich sein sollte, sein Leiden, mit Martin Luther gesehen, als Gesetzespädagogie des liebenden Gottes zu begreifen, als einen Lernweg, durch den Gott einem noch näherkommen will. Das zweite mag tatsächlich der Fall sein; man lernt als Mitbetroffener. Aber es ist ethisch nicht erlaubt, daraus für den Betroffenen eine Vertröstungstheorie zu machen, die ihn zum pädagogischen Mittel herabsetzt.

3. Gott – Schlüssel zur Erklärung von Welt, Leben und Tod?

Der zweite Komplex, der wiederum zu beidem beitragen kann, zum Glauben an Gott und zum Verlust des Gottesglaubens, betrifft die *Erklärung der Welt im ganzen* und das *Geheimnis von Leben und Tod*. Erneut zeigen die Äußerungen der Jugendlichen, jetzt noch nachdrücklicher: Erwachsenwerden mit oder ohne Gott hängt nicht nur davon ab, ob und wie man Gott als Beistand spürt und erfährt, sondern auch davon, wie man ihn *denken*, ihn gedanklich mit der Welt im ganzen sowie mit Leben und Tod verbinden kann; denn Welt und Leben sind als solche schon in ihrem bloßen Dasein eine gedankliche Herausforderung.

War der Kern des ersten Problemkomplexes die elementare Frage »Wer hilft mir?«, so sind es jetzt die beiden Fragen »Wie ist alles einschließlich des Lebens entstanden?« und »Wie endet die Welt, und ist mit dem Tode wirklich alles aus?« Es sind die elementaren Fragen nach *Anfang* und *Ende*. In anderer Weise geht es damit auch jetzt um die Sinnfrage, um an sie wieder anzuknüpfen. Stand bei der Problematik der erhofften Hilfe und dem Theodizeeproblem die *Liebe* als Sinn des Seins auf dem Spiel, theologisch gesprochen der *gute* Charakter der Schöpfung (1Mose 1), ferner die Besiegbarkeit des Bösen und des Leidens, theologisch gesprochen die Überwindung der Sünde (1Mose 3), so wird jetzt das Rätsel des *Seins selbst* zur Frage, theologisch gesprochen die Existenz der Welt als *Schöpfung*. Oder noch kürzer: Es sind die beiden Fragen, *wie* die Schöpfung ist und daß sie *Schöpfung* ist. Ist sie die Schöpfung eines lieben Gottes, warum ist sie dann so? Oder ist sie das vielleicht gar nicht, dann entfällt auch das Theodizeeproblem.

Als *religionspädagogische* Folgerung ergibt sich hier der zweite große Themenkreis. Theologisch ist die *Schöpfungslehre* herausgefordert, und zwar nach wie vor auch in Hinsicht dessen, was sie zum *Weltbild* beiträgt. Es geht um Gemeinsamkeiten und Unterschiede im Verhältnis von *Theologie* und *Naturwisssenschaft*. Die Gott ablehnenden Äußerungen beanspruchen für sich, daß ein Schöpfungshandeln wissenschaftlich nicht beweisbar sei. Sie sind so zahlreich, daß Belege erspart werden dürfen. Andere Jugendliche halten demgegenüber gerade darum an Gott fest, weil sie sich gedanklich gedrängt fühlen, als Inbegriff jener Potenz, der sich auch noch die gesammelte Energie im Augenblick des Urknalls verdankt, eine erste Ursache zu denken: Gott wird eine Art Denknotwendigkeit.

»Ich glaube an Gott, weil ich davon überzeugt bin, daß es eine höhere Macht gibt, und weil irgendjemand diese Erde, das ganze Weltall erschaffen haben muß. Wenn die Forscher auch sagen die Erde sei durch den Urknall entstanden, doch wo kommt der Urknall her, dieser muß ja auch irgendwo herkommen. Also kommt er doch von einer höheren Macht, – von Gott«, so eine 16–17jährige Schülerin der Hauswirtschaftlichen Berufsfachschule (02/033).

Freilich kann das Denken auch dann noch nicht haltmachen:

»Wenn es Gott gibt, wie kommt er ins Nichts (Weltall)? Wie kommt die Materie ins Nichts (Elektronen, Protonen, Neutronen)?« (Elektromaschienenbauer, 2. J., 17–19 Jahre alt, 09/0148).

Die Frage nach Anfang und Ende ist schon als spekulatives Interesse religionspädagogisch dringend ernstzunehmen. Dabei wäre es allerdings verfehlt, weiterhin im Unterricht nach dem zweigleisigen Modell scharf getrennter Zuständigkeiten zu verfahren. Gott hätte danach nur noch eine gewisse Zuständigkeit für bestimmte Grenzsituationen und Probleme der Seele. Alles übrige, die Welt im ganzen und ihre Evolution, soll dagegen nach anscheinend natürlichen Ursachen ablaufen. Ein anderer, selbstverständlich berechtigter, aber ebenfalls nicht ausreichender Weg ist es, nur die Rede von der Ebenbildlichkeit des Menschen und vom Herrschaftsauftrag theologisch aufzunehmen, wiederum aber über dieser anthropologischen und ethischen Auslegung die weltbildhaften Aussagen über die Weltentstehung in der Bibel als veraltet beiseite zu schieben. Vielmehr müßten die Weltentstehungstheorien der modernen Naturwissenschaft und die biblischen Aussagen sorgfältig aufeinander bezogen werden. Die Schüler wollen ehrliche und klare Antworten.
Nach dem neueren Stand naturwissenschaftlich-naturphilosophischer und theologischer Überlegungen sind wechselseitige Interpretationen auch möglich. Vor Jahren hat bereits Klaus Meyer zu Uptrup die neue wissenschaftstheoretische Situation didaktisch fruchtbar zu machen versucht.[25] Die fortwirkende Evolution mit Mutation und Selektion kann als fortwirkende Schöpfung, vielleicht im Sinne der »spielenden Weisheit Gottes« (Spr 8,22–31) gedeutet werden. Was den

25 *K. Meyer zu Uptrup*, Spiel der Schöpfung, Gütersloh 1975 (ku-praxis 4).

Naturwissenschaftlern als wunderbarer Zufall erscheint, könnte theologisch als schöpferischer Einfall Gottes angesehen werden, mit uns selbst als Gottes verantwortlichen Mitspielern. Die moderne ›zufallsoffene‹ Sichtweise der Naturwissenschaft wäre mit einem ›gottoffenen‹ Modell der Schöpfung (Urschöpfung und Fortschöpfung und Vollendung der Schöpfung durch Gott) zusammenzudenken.

Inzwischen hat Jürgen Moltmann in seiner ökologischen Schöpfungslehre unter dem Titel »Gott in der Schöpfung«[26] die zentralen Fragen in sehr erhellender Weise so breit durchdacht, daß die religionspädagogischen Antworten in diesem Feld noch angemessener angegangen werden können. Moltmanns Blick ruht auf der »Schöpfungsgemeinschaft«. Sein Ansatz liegt darin, daß Gott als der in seiner Schöpfung im Geist »einwohnende« Schöpfer gedacht wird. Mit der Entfaltung des Aspekts der »Schöpfung im Geist« wird ein trinitarisches Verständnis der Schöpfung leitend. Die Brücke zur naturwissenschaftlichen Sicht machen bereits folgende Sätze aus der Einleitung deutlich. »Nach den biblischen Traditionen ist alles göttliche Wirken in seiner Wirkung pneumatisch. Immer bringt erst der Geist das Wirken des Vaters und des Sohnes zum Ziel. Der dreieinige Gott inspiriert daher auch seine Schöpfung ohne Unterlaß. Alles, was ist, existiert und lebt vom andauernden Zufluß der Energien und Möglichkeiten des kosmischen Geistes. Darum ist jede geschaffene Wirk-

26 *J. Moltmann*, Gott in der Schöpfung. Ökumenische Schöpfungslehre, München 1985; vgl. ferner *C. F. v. Weizsäcker*, Gottesfrage und Naturwissenschaft, in: M. Hengel/R. Reinhardt (Hg.), Heute von Gott reden, München/Mainz 1977, S. 162–180 (= *C. F. v. Weizsäcker*, Deutlichkeit, München/Wien 1978, S. 155–183); *W. Pannenberg*, Gott und die Natur. Zur Geschichte der Auseinandersetzung zwischen Theologie und Naturwissenschaft, in: Theologie und Philosophie 58 (1983), S. 481–500; vgl. auch die Beiträge von H. v. Ditfurth, G. Altner, R. Lay u. a. in: *R. J. Riedl/F. Kreuzer* (Hg.), Evolution und Menschenbild, Hamburg 1983, und den Sammelband von *H.-P. Dürr* (Hg.), Physik und Transzendenz, Bern u. a. 1986.

lichkeit energetisch zu verstehen und als verwirklichte Möglichkeit des göttlichen Geistes aufzufassen.«[27]

Gedankliche Hilfen dieser Art dürfen trotz ihrer Bedeutung nicht überschätzt werden. Die Aussagen der Jugendlichen machen sichtbar, daß das spekulative Interesse an Anfang und Ende aller Dinge wie beim ersten Komplex in vielen Fällen eine existentielle Sorge einschließt, die nicht mehr allein schöpfungstheologisch beantwortet werden kann und die mit einer merkwürdigen Verschiebung einhergeht. Hinsichtlich des Universums interessiert Jugendliche vor allem der Anfang, weniger das Ende, abgesehen von der Bedrohung der Erde. Hinsichtlich der individuellen Existenz ist es umgekehrt; hier interessiert nicht der Anfang, die Geburt, sondern das Ende, der *Tod*. Die brennende Frage ist die, ob es nach dem Tode weitergeht oder nicht. In mehreren Fällen wird die Sprache der jungen Leute beschwörend; wieder spielt die Erfahrung des frühen Todes von Freunden eine große Rolle.

»... es muß doch nachher irgendwie weitergehen, es kann damit nicht zu Ende sein es muß einfach nach dem Tode weitergehen, vielleicht mit einem neuen Leben oder dem ewigen Leben« (Berufsfachschüler, Metall, etwa 17 J., 20/0370).

»Es muß doch weitergehen«, »es kann nicht«, »es darf nicht wahr sein« – wird die Antwort auf diese bedrängenden Fragen nur der Gott der Philosophen sein, Gott als denknotwendiges Prinzip, so wie schon die aufklärerische Theologie die Ewigkeit Gottes zu beweisen trachtete? Oder wird die *Auferstehungshoffnung* zum lebendigen Inhalt des Glaubens? In den 1236 Äußerungen ist von ihr fast gar nicht die Rede. Zwar ist nach Jesus Christus und nach der Auferstehung (von einigen Klassen abgesehen, in denen das Verhältnis zu Jesus behandelt werden sollte[28]) nicht direkt gefragt worden; aber

27 A.a.O., S. 23.

28 Vgl. R. Schuster, a.a.O., S. 256–276.

von selbst kommt der Auferstehungsglaube, die Mitte der christlichen Glaubenslehre, ohne die für Paulus »Predigt« und »Glaube« »vergeblich« sind (1 Kor 15,14), nicht in den Blick! Auf die Frage nach dem Tode und was ihn überwindet, wird die Antwort, die den christlichen Glauben von allen anderen Religionen unterscheidet, nicht genannt.
So entbindet der zweite Problemkreis sogleich ein drittes fundamentales Thema, die *christliche Auferstehungsbotschaft*. In den Lehrplänen für den Religionsunterricht finden sich viele Themen, aber vielleicht zu wenige aus dem kleinen Umkreis zentraler Themen, die nicht nur theologisch grundlegend sind, sondern auch für die Jugendlichen letztlich mittelbar oder unmittelbar allein zählen.

4. Gott – bloß ein Wort und Symbol?

Nach Jean Piagets Untersuchungen entwickelt sich zu Beginn des zweiten Lebensjahrzehnts die Fähigkeit des formal-abstrakten Denkens. Das Denken des Denkens wird möglich, das Denken in Hypothesen. Ist vielleicht auch Gott nur eine Hypothese? Die dritte Einbruchstelle für den Gottesglauben in der Adoleszenz entspringt der Frage nach der *Realität oder Fiktivität Gottes*. Über die emotionale, pragmatische und kognitive Ebene erreicht der Zweifel die *semantisch-sprachliche*. Ist Gott vielleicht nur ein Wort für eine menschliche Projektion?
Wie in anderen Untersuchungen läßt sich auch in den hier zugrunde gelegten Texten eine *Entwicklung der Gottesvorstellung* im Jugendalter beobachten. Religionslehrer müssen damit rechnen, daß sie nebeneinander unterschiedliche Konzepte antreffen. Eine genau abgesicherte, verallgemeinerbare Entwicklungslinie ist an diesem Material freilich nicht zu verfolgen; hierfür hätten Interviews zu verschiedenen Zeiten im

Lebenslauf der Befragten die Grundlage abgeben müssen. Aber aus dem Nebeneinander kann man trotzdem vorsichtig gewisse Schlüsse auf Entwicklungsstadien ziehen.
Zum einen gibt es auch im Alter von 16 Jahren und darüber erstens noch *anthropomorphe*, materialisierte, in handfesten räumlichen und zeitlichen Kategorien einhergehende Gottesbilder: Gott als alter Mann oder auch als jugendlicher Mensch, mit konkret vorgestellten menschlichen Eigenschaften.
Es scheint ein Zwischenstadium zu folgen, in dem Gott nicht mehr personifiziert, sondern als abstraktes Mittelwesen *halb vergeistigt, halb noch materialisiert* vorgestellt wird:

»Gott ist für mich ein höheres Wesen, das weiterentwickelt ist als wir Menschen, der einmal schon auf der Erde war. Vielleicht sind das auch mehrere Wesen, die auf einem weit entfernten Planeten leben« (20/0364).

In den Sätzen dieses Schülers stehen noch konkrete Verkörperungen vor Augen, wobei an Jesus mitgedacht wird. Die Aussagen bilden allerdings insgesamt ein verworrenes Konglomerat verschiedener Vorstellungen. Die Aussage eines anderen Schülers verläßt diesen Zwischenbereich:

»Ich ›könnte‹ mir höchstens vorstellen, daß es jemand ist der wie Luft über uns ist. Nach meiner Ansicht ist es kein menschliches Wesen, sondern sozusagen etwas ›Außerirdisches‹. Also sozusagen etwas wie die Luft, die wir zum Leben brauchen. Es hat uns in seinen Bann gezogen« (Elektrolehrling, ca. 17 J., 34/0601).

Während dieser Jugendliche seine Sätze niederschreibt, verwandelt sich seine Gottesvorstellung auf höchst bemerkenswerte Weise. Die Transformation geht von einem unklaren Vergleich aus: »... jemand ..., der wie Luft über uns ist«; in dieser Wendung ist halbwegs noch eine materialisierte Vorstellung im Spiel. Das Wort »höchstens« deutet jedoch schon an, daß der Schüler der Aufforderung, seine »Vorstellung« von Gott zu umschreiben, nur zögernd nachkommt. Alle Vorstellungen sind doch wohl, so spürt er, unangemessen. Aber dann bleibt gleichwohl zunächt auch der zweite Satz noch in fragwürdigen Zwischengebilden hängen: Gott als »etwas ›Außerirdisches‹«. Spielen hier Filmwesen aus der Science-Fiction-Filmküche hinein? Um so überraschender sind die beiden abschließenden Sätze. Aus der konkreten Luft wird, annäherungsweise, die Metapher Luft, die wir zum Leben brauchen – Gott als die Luft, die wir atmen, Gott, unser Lebensatem. Aus dem alltagssprachlichen Vergleich formt sich übertragene, metaphorische, »eigentliche« religiöse Rede.[29] Der abschließende Nachsatz bestätigt, daß hier in übertragener Sprache gesprochen wird.[30]

Von hier aus ist es nur ein kurzer Schritt zu einer vergeistigten Rede von Gott in dem Sinne, daß Gott zum *Inbegriff von Erfahrung* wird, während man auf eine Vorstellung von ihm betont verzichtet.

»Ich habe kein Bild von Gott. Er ist für mich die Inkarnation des Guten, des Verstehens und des Verzeihens« (Industriekauffrau, 19 J., 37/0648). – »Gott ist Hoffnung, Liebe, Gemeinschaft« (Wirtschaftsgymnasiast, 50/0876). – Für einen Schüler der Klasse 12 ist es »manchmal ... sehr schwierig an ihn zu glauben, da er etwas Unvorstellbares ist. Ich kann ihn auch nicht in Bildern beschreiben, sondern nur als Gefühl in mir«. Einige Sätze zuvor aber wagt der Schüler doch ein per-

29 Vgl. *P. Ricoeur/E. Jüngel*, Metapher. Zur Hermeneutik religiöser Sprache, München 1974 (Ev. Theol., Sonderheft).

30 Eine feinsinnige Würdigung der sprachlichen Ausdrucksweise der Schüler in den Texten, die den Charakter von Bekenntnissen tragen, gibt *R. Schuster* in seinem Artikel: Einige Bekenntnisse Jugendlicher, in: Birkacher Beiträge zu einer evangelischen Pädagogik, hg. vom Pädagogisch-Theologischen Zentrum der Ev. Landeskirche in Württemberg, Stuttgart-Birkach, 1986, H. 3, S. 43–61 (Institutsveröffentlichung).

sönliches Bekenntnis in metaphorischer Bildlichkeit: »Er ist für mich Wasser, Licht, Luft und Leben« (48/0846).

Gott wird unter dem Gesichtspunkt begriffen, was er in umfassender Weise persönlich *bedeutet*. Es ist theologisch angemessen, den in der Bibel bezeugten Gott als geschichtlich handelnden und wirkenden Gott anzusehen. Wenn jedoch in dieser Perspektive einseitig darauf abgehoben wird, was Gott sichtbar bewirkt, kann auch eine gefährliche Bahn beschritten werden. Sie führt möglicherweise zu einem nur noch *funktionalen* Verständnis, wobei aus Gott als dem Inbegriff von erfahrener Wirklichkeit ein bloßer Ausdruck, ein bloßes Wort für ein psychisches Erlebnis oder einen seelischen Zustand wird.

Mag sich nämlich auch die *Wahrheit* des Gottes der Bibel gerade in seiner *Wirkung* bewahrheiten, so muß doch sehr auf die Blickrichtung in diesem Zusammenhang geachtet werden. Das Problem liegt in der *Ambivalenz des seelischen Erlebens als Vergewisserungsort des Glaubens*. Diese Ambivalenz ist die Grenze jeder Erfahrungstheologie und jeder erfahrungshermeneutisch orientierten Religionspädagogik. Darum betont die Wort-Gottes-Theologie, daß man nur dem Wort der Verheißung vertrauen soll, unabhängig davon, was man seelisch als Gotteserfahrung erlebt. Dicht neben der theologisch angemessenen *erfahrungsbezogenen* Rede von Gottes Wirken im eigenen Leben liegt die theologisch abzuweisende *erfahrungsabhängige* Funktionalisierung der Wirklichkeit Gottes, durch die sie dem Menschen im Grunde völlig entgleitet, weil er in dieser Art Erfahrung nur noch sich selbst anschaut.

Die Wirklichkeit Gottes wird psychologisch reduziert, der Name Gottes sprachlich instrumentalisiert: Das Glaubensbedürfnis sucht ein Objekt und findet es in einer Vorstellung und Rede von Gott, die im Grunde austauschbar bleibt:

»Ich glaube an gott weil es ja irgend jemanden geben muß an den man glauben kann, zu ihm beten kann« (14/0230).

Die etwa 18jährige Friseuse spricht aus, was viele ganz ähnlich sagen: Gott steht für die seelische Suche nach einem »Halt« – eine ständig wiederkehrende Formel. Der nächste Schritt kann dann der Zweifel sein, ob man sich vielleicht nur etwas vormacht – ist Gott vielleicht nur eine *Fiktion*?

»Ob Gott wirklich existiert, weiß ich selbst nicht; aber auch ich brauche manchmal eine Vorstellung, die mir über manches hinweghilft (vielleicht ist Gott eine Traumvorsellung und Wunsch; dies ist wohl immer eine Frage) (unbeantwortete Frage)«, so ein Malerlehrling mit 18 (19/0330).

Wenn Jugendliche durchschauen, daß sie es selbst sind, die sich eine Vorstellung schaffen, geben viele von ihnen Gott preis. Darum liegt hier die dritte Einbruchstelle für den Verlust des Gottesglaubens. Aber es gibt auch Jugendliche, die trotzdem weitermachen. Nur wenige lassen allerdings ehrlich durchblicken, daß sie einfach aus der Angst, nicht mehr glauben zu können, an dieser »schönen Einbildung« festhalten. Ungewöhnlich eindrücklich die folgenden Sätze, die im übrigen dicht gedrängt mehrere der bisher berührten Zweifel zusammenfassen:

»Woran denke ich beim Wort »Gott«?
An die Dritte Welt. Die Ungerechtigkeit. An die Angst, nicht an ihn zu glauben. Erfindung der Menschheit. Alle Sorgen und Hoffnungen zu einem Gott zusammenfügen. Irgend ein Fluchtweg. Notausgang. An seine ungerechte Strafe die er uns auferlegt hat. Sein seltsamer Weg zum Frieden.
Glauben Ohne Tödliche Thesen.
Gott statt Religion. War Gott ein Rassist?
Einmal im Traum ihn sprechen hören.
Wissen wie's wirklich war.

Trotz allem ist Gott eine schöne Einbildung, an dem (sic) man sich hält.
Die Angst nicht an ihn zu glauben! (letzter Satz in übergroßer Schrift)« (Maler, etwa 18 J., 25/451).

Den letzten Schritt in diesem Reflexionsgang bilden Sätze wie:

»›*Gott*‹ *das ist ein Wort nichts anderes*, doch für viele Menschen ist dieses Wort eine Stütze ...«; es ist etwas, was man »Gott nennt« und »als Symbolfigur benützt, als die Figur nach der jeder Mensch streben sollte« (Berufsfachschüler, Metall, 70/1210).

Gott wird in Anführungsstriche gesetzt. Welche Umkehrung dessen, was die Wort-Gottes-Theologie unserer Tage unter Gottes Wort versteht! Nun ist »Gott« nur ein Wort. Für den betreffenden Jugendlichen schwindet auch das Vertrauen in die religiöse Rede als symbolisch verdichtete Erfahrung. Sind vielleicht religiöse Symbole unbeschadet ihres Erfahrungsgehalts – so der Verdacht – doch nur Ausdruck der Symbolisierungsfähigkeit des Menschen selbst, Ergebnis seiner eigenen Symbolisierungsleistung, damit sie ihrerseits für ihn etwas leisten? Die Schüler geraten damit vor genau die Betrachtungsweise, die für die funktionale Analyse in den modernen Sozial- und Verhaltenswissenschaften und ihre Aufnahme in Theologie und Religionspädagogik bezeichnend ist.
Ein Gymnasiast der Abschlußklasse schließlich liefert die ›verständnisvolle‹ theoretische Erklärung Gottes durch eine *explizite funktionale Theorie*.

»In einer Welt voller Elend, Verzweiflung, Unmenschlichkeit und Konkurrenzkampf braucht jeder Mensch etwas, an das er glauben kann, auf dem seine Wünsche und Hoffnungen beruhen. Diese ›Funktion‹ nimmt mehr und mehr Gott ein. Man spricht zwar von der immer größer werdenden Gottlosigkeit auf unserer Welt, doch insgeheim suchen doch viele Menschen die Hilfe Gottes. Wenn die Mittel und Möglichkeiten der Menschen nicht mehr genügen, sucht man Gott, ob ›er‹ nun existiert oder nicht. Gott verkörpert für die Menschen einen Ausweg, eine letzte Chance, eine Hoffnung. Diese ›Funktion‹ Gottes gilt nicht nur für unsere christliche Religion. Sie läßt sich beliebig auf andere Religionen mit anderen ›Göttern‹ übertragen. Und gerade weil Gott oft die letzte Hoffnung eines Menschen ist, kann man nie sagen, ›er‹ sei sinnlos. Die Frage nach der Existenz Gottes sei hier dahingestellt – seine große Bedeutung in dieser Welt ist aber unbestreitbar« (07/0114).

Es ist damit zu rechnen, daß diese Sicht vor allem bei Schülern der Sekundarstufe II an Gymnasien anzutreffen ist. Funktionalisierung heißt, den Glauben an Gott und die Rede von Gott unter dem Gesichtspunkt zu betrachten, was sie psychisch und gesellschaftlich leisten. Wer nur noch so denkt, bewegt sich distanziert oberhalb der Sache, läßt sich auf sie nicht mehr ein. Der Schüler, den wir zuletzt zitierten, spricht nicht mehr von seinem eigenen Verhältnis zu Gott, sondern über das Verhältnis anderer zu Gott. Die Gymnasiasten in der Textsammlung von Robert Schuster neigen zu dieser Distanzierung. Häufiger als andere haben sie Deutungen wie die angeführte zur Hand. Sie können auf einer Metaebene theologisch oder religionssoziologisch argumentieren, ein Reflexionsstadium, das die meisten anderen Jugendlichen nicht erreichen. Man ist versucht, von einem höheren geistigen und religiösen Reflexionsniveau zu sprechen. Handelt es sich aber nicht auch um ein sehr zweischneidiges Reflektieren? Wenn sozialpsychologische, soziologische und ideologiekritische Erklärungstheorien, zumal in Form popularisierter Religionskritik, das Bewußtsein beherrschen und demgegenüber keine Erfahrungsgewißheit vorhanden ist, ist die vergeistigte Verabschiedung Gottes – Gott als bloßes »Konstrukt« – absehbar.

Gewiß scheint in den Worten des Jugendlichen auch Sorge um den Menschen mitzuschwingen. Darum ist seine Auffassung über die christliche Religion wie über alle anderen Religionen verständnisvoll, geht es ja um ihre »Bedeutung« für den Menschen. Der Text zeigt aber auch, daß die Bedeutung der Religion auf atheistischer Grundlage abgehandelt werden kann. Die Frage nach der Existenz Gottes wird »dahingestellt«[31].

Die *religionspädagogische* Aufgabe kann nicht darin bestehen, vor solchen Konsequenzen auszuweichen. Es hieße, dem Thema Religionskritik als solchem entfliehen zu wollen. Dies ist in der neuzeitlichen Situation unmöglich. Durch Denkhemmungen würden außerdem Religionspädagogen nicht nur bei geistig regen und kritischen Jugendlichen unglaubwürdig werden. Mit Reiner Preul ist zunächst festzuhalten, daß auch »nicht die funktionale Fragestellung als solche« problematisch ist.[32] Wie gesagt, ist die Frage nach der Wahrheit mit der Frage nach der erfahrenen Bedeutung unauflöslich verbunden. Fragwürdig ist es jedoch, wenn Schüler für sich und für andere »Religion letztlich auf die Funktion eines Hilfsmittels gegen einzelne Übel innerhalb des Mensch-Welt-Verhältnisses« reduzieren[33] und der Religionsunterricht dieser Form funktionaler Betrachtung und Verteidigung von Religion folgen sollte. Der zuletzt zitierte Gymnasiast ›würdigt‹ die christliche Religion auf dem Hintergrund bestimmter Nöte in unserer Zeit in einer Weise, die darüber hinwegtäuschen könnte, daß in dieser Würdigung gerade die Destruktion der Religion enthalten ist. Christliche Religion und christlicher Gott werden so zu Hilfsmitteln, die der Mensch lediglich unter bestimmten Umständen braucht und die dann

31 Dieser Atheismus mag zunächst als bloß methodologischer verstanden werden; er kann allerdings schnell zu einem existentiellen werden.

32 R. Preul, Religion – Bildung – Sozialisation, a.a.O., S. 110f.

33 A.a.O., S. 111.

nicht nur durch gesellschaftliche Fortschritte entbehrlich werden können, sondern auch durch andere Religionen auf Grund funktionaler Äquivalenz zu ersetzen sind: »Diese ›Funktion‹ Gottes ... läßt sich beliebig auf andere Religionen mit anderen ›Göttern‹ übertragen ...«
Im Verbund mit den bisher identifizierten zentralen Aspekten der Gottesfrage muß daher für den Religionsunterricht nicht zuletzt der grundsätzliche Sinn der Rede von Gott zum Thema werden, religionspädagogisch gesprochen, das Verhältnis von *»Religionskritik und Religionsbegründung«*[34]. Gott ist nicht lediglich eine Funktion eines bestimmten persönlichen Bedürfnisses. Ihn nimmt man nicht in den Arm wie einen Teddybären, um ihn wieder beiseite zu legen, wenn die Not vorüber ist. In der Rede von Gott soll uns unsere Bedürftigkeit im ganzen und unser Heil im ganzen bewußt werden.[35] Aber selbst dann, selbst wenn der Mensch seiner Bedürftigkeit im ganzen innewird, selbst wenn sich ihm die Frage nach dem Lebenssinn unabweisbar und radikal stellt, muß ihm die Rede von Gott noch nicht zu einer ihn persönlich überzeugenden Wahrheit werden; denn Gottesfrage und Sinnfrage gehen nicht wechselseitig ineinander auf. Die erste umschließt zwar die zweite, aber die zweite erschließt nicht zwangsläufig die erste. So scheitern denn, zusammengefaßt, mehrere Wege.
Erstens stößt bei dieser sublimsten Krise des Gottesglaubens eine *psychologisierende Symboldidaktik* hart an ihre Grenze (s. oben). Sie kann der massiven Rückfrage nicht entgehen, ob sich nicht Religion überhaupt lediglich der menschlichen Symbolisierungsfähigkeit und nichts weiterem verdanke, mag man auch Gott als primäres religiöses Grundsymbol besonders hervorheben.

34 A.a.O., S. 112.
35 *D. Rössler*, Die Vernunft der Religion, München 1976, S. 18.

An eine prinzipielle Grenze gerät zweitens auch eine *funktionale Betrachtung* und zwar selbst dann, wenn sie die genannten Engführungen, den Bezug auf lediglich bestimmte menschliche Bedürfnisse, vermeidet und die Bedürftigkeit des Menschen im ganzen thematisiert.
An ihr Ende kommen überhaupt gedankliche Argumentationsketten, und seien sie noch so theologisch feinsinnig, etwa in den heute verbreiteten Denkfiguren eines *transzendentaltheologischen Nachweises*. Durch sie soll demonstriert werden, daß sich der Mensch ohne die Annahme einer Transzendenz in seiner Immanenz gar nicht verstehen könne – Gott als denknotwendiges Postulat.
In dieser Lage wird ein der christlichen Theologie verpflichteter Religionsunterricht den Glauben an *Gott* vielmehr vom Glauben an *Jesus Christus* auszulegen haben, weil hier für den Glauben Gott als Mensch sichtbar geworden und keine Hypothese mehr ist. Das verzweifelte Verlangen, Gott zu »sehen« und sein Wirken zu »spüren«, kann nur im Anschauen des Menschen Jesus von Nazareth seine Erfüllung finden. Von den ersten Jüngern an haben Christen an Jesus Gott erfahren, eine Erfahrung freilich, die pädagogisch nicht verfügbar ist. Man kann auf sie nur aufmerksam machen. Sie allein führt jedoch aus der Ambivalenz heraus: Nur in der mit Jesus von Nazareth gemachten Erfahrung kann die Zweideutigkeit religiöser Erfahrung eindeutig werden. In diesem Sinne ist der Erfahrungsweg in seinem Recht.

»Der Gottesglaube beruht auf Erfahrung. Aber in der heutigen Welt ist man oft nicht mehr sensibel genug, zu abgestumpft, um solche Erfahrungen wahrnehmen zu können« (Wirtschaftsgymnasiast, Kl. 12, 71/1225).

Dieser Jugendliche will nicht nur seinem zergliedernden Verstand folgen, nicht nur logischen Schlüssen oder transzendentalen theologischen Denkfiguren. Sein Hinweis leitet uns an, die Sinne nach außen und innen zu kehren, um Gott in seiner Schöpfung und in seinen Kreaturen zu entdecken.

»Großer Gott
uns näher
als haut
oder halsschlagader
kleiner
als herzmuskel
zwerchfell oft:
zu nahe
zu klein – wozu
dich suchen?
wir
deine Verstecke«

Kurt Marti[36].

Es gibt Schüler, die darauf warten, daß im Religionsunterricht von der Wahrnehmung Gottes in der Bibel und vor allem in der Erfahrung von Christen heute die Rede ist. Am überzeugendsten geschieht dies durch den *»erzählten Glauben«* (Lothar Steiger), durch Nacherzählen und Neuerzählen in der Erzählgemeinschaft der Christen, in der die Religionslehrer auch nach ihrer eigenen Geschichte mit Gott gefragt sind.[37] Angesichts des Problems der Fiktivität oder Realität Gottes werden noch so kluge Argumente schwach und finden nur die Erzählungen Gehör, die von Menschen handeln oder von Menschen kommen, die Gott mit ihrem Leben bezeugen. – Aus diesem Blickwinkel wird schließlich nur zu gut auch der vierte kritische Bereich verständlich.

36 *K. Marti*, Schon wieder heute. Ausgewählte Gedichte 1959–1980, Darmstadt/Neuwied 1982, S. 102.

37 Aus der unübersehbar gewordenen Literatur zur narrativen Theologie und zur religionspädagogischen Bedeutung des Erzählens seien nur zwei Titel genannt: *L. Steiger*, Erzählter Glaube. Die Evangelien, Gütersloh 1978; *H.-B. Kaufmann u. a.* (Hg.), Elementar erzählen zwischen Überlieferung und Erfahrung, Münster 1985 (Institutsveröffentlichung des Comenius-Instituts).

5. Gott – glaubhaft verbürgt in der Kirche?

Der vierte Komplex betrifft die *soziale Ebene* der Glaubensvermittlung. Viele Befunde belegen, wie sehr es für junge Menschen darauf ankommt, wer glaubt, wieviele andere auch glauben und wie vor allem die anderen ihren Glauben leben. Es imponiert nicht wenigen, wenn sie sehen, daß Erwachsene an Gott glauben können. Manche fügen offenherzig hinzu, daß sie es an sich auch gern möchten. Zur eigenen persönlichen Erfahrung und zur gedanklichen Klärung (vgl. oben 2–4) soll möglichst die zwischenmenschliche, soziale Stützung hinzukommen: Glauben wird *personal übertragen*. So lautet die immer wieder mit Recht geäußerte religionspädagogische Vermutung.
Unter der Frage, *wer* glaubt, werden zunächst die Personen genannt, die dem Jugendlichen nahestehen:

»Ich glaube an Gott weil mir meine Eltern, meine Freundin, deren Eltern und viele andere Menschen und Beispiele gezeigt haben, daß es ihn gibt« (Berufsfachschüler, Metallklasse, ca. 17 J., 08/0125).

Eine Rolle spielt sodann, *wieviele* Menschen glauben und *seit wann*. Die bloße Anzahl, die Vorstellung einer Mehrheit und die Vergegenwärtigung einer langen Tradition können so oder so bereits ausschlaggebend sein: »... keiner mag recht daran glauben«, so heißt es im negativen Sinne (03/0040). Die noch knappere Äußerung: »Ich glaube an Gott, weil ja etwas dran sein muß, daß so viele Menschen daran glauben« (05/0075) argumentiert genau umgekehrt. In entwaffnend lapidarer Art wird sichtbar, welche Bedeutung allein dieser eine Gesichtpunkt einer gesellschaftlichen Verbreitung haben kann, nichts sonst. Eine solche isolierte Argumentation taucht ziemlich häufig auf:

»Ich kann mir nicht vorstellen, daß Religion erfunden und in der ganzen Welt verbreitet worden wäre, wenn niemand davon überzeugt wäre dann wäre diese Verbreitung ziellos und unsinnig« (Berufsfachschüler, Metall, ca. 16 J., 05/0088).

Manche zählen alles auf, was sie an religiösen Einrichtungen kennen und daher für die Sache spricht:

»Es gibt auch ein Haus Gottes, das ist die Kirche, die in jedem Ort und in jeder Stadt steht. Es gibt auch Religionsunterricht in Schulen« usw. (Berufsschüler, Metall, ca. 16 J., 16/0269).

Wo allein in Quantitäten, in Mehrheitsvorstellungen gedacht wird, steht eine religiöse Bindung auf schwankendem Boden, eine Ablehnung freilich auf ähnlich schwachen Argumenten. Dasselbe gilt für das *historische* Argument: Keine Religion habe sich so »durchgesetzt« wie das Christentum, es habe sich am »längsten« gehalten, den »Glauben an den dreieinigen Gott« gebe es »nun schon seit Mose« (!), so heißt es auf der einen Seite (Hauswirtschaftsschülerin, 16–17 J., 02/0033), »für mich ist Gott nur Tradition« auf der anderen (Elektroinstallateur, 68/1156).
Am wichtigsten ist jedoch offensichtlich, *wie* an Gott geglaubt wird, und hier spielt fast nur ein Punkt eine Rolle: die Übereinstimmung zwischen Reden und Handeln. Die Kritik an der *mangelnden Glaubwürdigkeit christlicher Lebensführung* ist stark verbreitet, häufig von massiver Härte, vielfach ungerechtfertigt, in nicht wenigen Fällen aber durch konkrete Beobachtungen gestützt, wobei auch solche Jugendliche kritisch einstimmen, die angeben, an Gott zu glauben, aber sich nun von kirchlich praktizierter »Religion« abwenden:

»Ich glaube an Gott, aber nicht an die Religion. Mich kotzt es an wenn Frauen in die Kirche gehen um nur ihren Pelzmantel zu zeigen und nach der Kirche über andere Leute lästern z. B.

(Hast du gesehen was die und die für Kleidung angehabt hat). Ich würde gerne in die Kirche gehen, aber solange das so ist bete ich lieber zu Hause« (Maler, ca. 18 J., 25/0448).

Die Glaubwürdigkeitsfrage betrifft neben der *moralischen Mitschuld* der christlichen Kirchen in der Kirchengeschichte (Kreuzzüge, Hexenverfolgungen, Waffensegnungen) auch die *historische Zuverlässigkeit der biblischen Überlieferung*.

»Ich glaube nicht an Gott, weil in der ganzen Überlieferung so viel Ungereimtes vorkommt« (Berufsschüler, Metall, ca. 18 J., 17/0294).

Was folgt *religionspädagogisch* aus dem letzten Punkt? Offensichtlich ist es nicht so, daß Jugendliche in diesem Lebensalter nur sich verselbständigen wollen und Unabhängigkeit suchen. Sie haben daneben auch heute ausgesprochen und unausgesprochen Erwartungen an überzeugende Repräsentanten von Kirche und Christentum, mit denen sie sich identifizieren und an deren Glaubensüberzeugungen sie sich orientieren können. Sie haben außerdem Erwartungen an eine glaubwürdige, zuverlässige biblische Überlieferung. Darum ist es in der ersten Hinsicht wichtig, daß der objektive Religionsunterricht durch die subjektive Person der Lehrer hindurchgeht und auf der Ebene der Unterrichtsinhalte Beispiele überzeugender christlicher Existenz aus der Geschichte der Kirche bis heute thematisch werden. In der zweiten Hinsicht ist es erforderlich, daß über die Aussagekraft der biblischen Quellen genau informiert und ihr Aussagegehalt intellektuell redlich erschlossen wird.

6. Gott – der allernächste Freund

Es ist auf der einen Seite wohl nicht abwegig, anzunehmen, daß die Preisgabe des Gottesglaubens im Jugendalter höchst wahrscheinlich ist, wenn alle bisher behandelten Enttäuschungen zusammentreffen: die gefühlsmäßige Enttäuschung über den sich versagenden Gott, der gedankliche Zweifel, ob Gott wirklich der Schöpfer und Vollender der Welt, der Herr über Leben und Tod ist, der sprachlich-religionskritische Verdacht hinsichtlich der Rede von Gott überhaupt und das unglaubwürdige Zeugnis über Gott im Mund und Verhalten der Mitglieder seiner Kirche.

Auf der anderen Seite ist nicht zu übersehen, daß manche Jugendliche im zweiten Lebensjahrzehnt ein sehr *vertrauensvolles Verhältnis zu Gott* haben, über das sie sich »überraschend individuell und selbständig« in Form eines persönlichen Bekenntnisses, zum Teil in Abwandlung der von der Kirche vorgegebenen Bekenntnistraditionen, äußern.[38] Die persönliche Gottesbeziehung kann sich aber auch sehr stark von der Kirche und ihrer Bekenntnis- und Lehrtradition entfernen. Im Rahmen der Generationenstudie »Jugendliche und Erwachsene '85« hat man denselben Eindruck gewonnen. »Über ein ausgesprochen christliches Selbstverständnis verfügen nur sehr wenige Jugendliche ... Die Jugendlichen gehen gewissermaßen selektiv mit dem christlichen Glauben um, verwenden Teilvorstellungen, um zu ihren eigenen zu gelangen.[39] Entgegen der zweifelvollen Frage »Erwachsenwer-

38 R. Schuster, Einige Bekenntnisse Jugendlicher, a.a.O., S. 59.

39 W. Sziegaud-Roos, Religiöse Vorstellungen von Jugendlichen, a.a.O., S. 384. Dasselbe Wahlverhalten kann bei den »neuen religiösen Bewegungen« beobachtet werden, vgl. *K. E. Nipkow*, Neue Religiosität, Jugend und Sinnfrage, in: W. Hornstein u. a., Jugend ohne Orientierung? Weinheim/Basel ²1983, S. 31, 37f. In der religiösen Sphäre sind individuelle Präferenz und persönliche Gestaltung freigegeben. Die Elemente der christlichen Tradition,

den ohne Gott?« wollen zwar viele Jugendliche noch irgendwie mit Gott erwachsen werden, aber mehr in Form eines allgemeinen Gottesglaubens, der nur noch christliche Anklänge hat. Ähnliches gilt für das Verhalten: Viele fühlen sich zwar noch als Christen, geraten aber dabei in ein »definitorisches Niemandsland« (Andreas Feige)[40]. Sie wissen nicht, ob sie sich noch als Christen verstehen dürfen, wenn sie den Gottesdienst nicht mehr besuchen und die Lehren der Kirche nicht mehr teilen. Die Gleichungen – an Gott glauben = Christ sein = als Glied der Kirche leben – haben sich weitgehend aufgelöst.

Man muß diesen Vorgang verstehen und darf ihn nicht vorschnell verurteilen. Aus religionssoziologischer Sicht ist die *»Individualisierung«* der Religion innerhalb der neuzeitlichen Entwicklung des Christentums in einer dreifachen Gestalt als kirchliches, gesellschaftliches und privates Christentum nichts Auffälliges, wobei letzteres durch das angedeutete Auswahlverhalten charakterisiert ist.[41] In der Jugend kommen entwicklungspsychologisch erklärbare Umstände hinzu. Im Unterschied zur Kindheit sucht der Jugendliche den ganz *persönlichen Gott*, Gott als *»Freund«*, als *Gesprächspartner*, dem man alles sagen kann.[42]

»Gott ist für mich jemand, mit dem ich reden kann wie mit einem Freund, der sehr gut zuhört«, so eine 23jährige Erziehe-

bisher kirchlich gebunden, werden zu Neubildungen gleichsam frei flottierend verfügbar. Vgl. zum Problem im ganzen *P. L. Berger*, Der Zwang zur Häresie. Religion in der pluralistischen Gesellschaft, Frankfurt/M. 1980.

40 *A. Feige*, Erfahrungen mit Kirche. Daten und Analysen einer empirischen Untersuchung über Beziehungen und Einstellungen Junger Erwachsener zur Kirche, mit Beiträgen von M. Affolderbach u. a., Hannover 1982, S. 119ff.

41 Vgl. entsprechend der dreifachen Gestalt von Christentum die Einteilung in *D. Rössler*, Grundriß der Praktischen Theologie, Berlin/New York 1986.

42 Vgl. K. E. Nipkow, Grundfragen der Religionspädagogik, Bd. III, a.a.O., S. 68ff.

rin (01/0010). – »Ich kann mit Gott reden, wenn ich Probleme habe, die ich sonst keinem sage«, so ein 17jähriger Berufsschüler aus einer Metallklasse (16/0272).

In der folgenden Äußerung nimmt die persönliche Vertrauensbeziehung zu Gott einen geradezu intim-privaten Charakter an:

»Ich glaube an Gott. Es ist schön, beruhigend, wenn man weiß, da ist noch jemand, mit dem man sprechen kann, der Hoffnung für einen ist. Ich weiß auch, wenn ich niemanden mehr habe, keine Eltern, Geschwister, Freunde, also ganz verlassen auf der Welt wäre, da ist noch jemand, der mir nahe steht, mir beisteht, bei dem ich mich bedanken kann für alles, was mir in meinem 20jährigen Leben an Gutem wiederfahren ist. Es ist wirklich alles so eingetroffen, wie ich es erhofft habe, auch wenn manchmal wirklich alles ausweglos erschien. Ich wußte, er gibt mir die Kraft, den Willen, dies alles durchzustehen, und mich nie der Mut verlassen hat. Er ist für mich mehr als ein Freund, ihm kann ich alles anvertrauen. PS. Ich könnte noch viel mehr schreiben, doch die Zeit war viel zu kurz« (19/0329).

Das für den Jugendlichen neue Bedürfnis, sich selbst zu finden (Identitätsbildung), und das Bedürfnis, von anderen verstanden zu werden – beide hängen eng miteinander zusammen –, können durch Gott als Freund und Partner darum in einer einzigartigen Weise erfüllt werden, weil zwei Erfahrungen zur gleichen Zeit gemacht werden: die innigste Nähe zu sich selbst und die Nähe zu einem Du, das immer und überall mit einem mitgeht, zeitlich, räumlich und seelisch, in jedes Dunkel und in jedes Versteck der Seele, in die geheimste Sehnsucht und tiefste Scham.
Zu dieser Gottesbeziehung gehört selbstverständlich das *Gebet.* Während »Kirchenbesuch und Amtshandlungen« im Leben der Jugendlichen »keine große Rolle« zu spielen scheinen, abgesehen vom Weihnachtsfest und der im ganzen noch

vorhandenen Zustimmung zu Taufe, Trauung und Beerdigung, ist es mit dem Beten anders.[43] Das Gebet hat darum eine größere Bedeutung, weil es individuell erlebt wird. So erklären denn auch einige Jugendliche ihre Reserve gegenüber Kirche, Gottesdienstbesuch und Pfarrer damit, daß sie zu Hause in ihrem Zimmer aus Gründen der innigeren Verbindung zu Gott besser beten können als in der Kirche.

»Ich will wenn ich in die Kirche gehe einen festen Kontakt zu Gott haben, doch diesen Kontakt kann ich besser zu Hause herstellen, so empfinde ich das« (Malerlehrling, ca. 17 J., 20/0351).

Der sonntägliche Gottesdienst wirkt nicht einladend, weil man nicht selbständig und persönlich genug mit Gott sprechen kann.

»Es gibt Zeiten, an denen ich stärker an Gott denke, und an den Tod, oder was danach kommt. Dann bete ich auch. Das ist für mich wichtiger als jeden Sonntag die Zeit in der langweiligen Kirche abzusitzen, wo man nur vorgedichtete ›Reime‹ aus dem Buch abliest und nicht das, was man wirklich denkt oder sagen will« (Lehrling, Metallklasse, ca. 17 J., 17/0289).

Abschließend soll auch eine 19jährige Schülerin gehört werden, in deren Ausführungen sich mehrere der bisher berührten Merkmale versammeln:

»Ich glaube an Gott, weil ich sonst vollkommen verlassen wäre. Ich glaube daran, daß es irgend etwas gibt, was mich hält, auch wenn alle anderen mich fallenlassen. Ich habe kein Bild von Gott. Er ist für mich die Inkarnation des Guten, des Verstehens und des Verzeihens. Ich weiß immer, wenn es mir

43 W. Sziegaud-Roos, Religiöse Vorstellungen von Jugendlichen, a.a.O., S. 351, 353, 355, Zitat: S. 353.

schlecht geht, kann ich mich an ihn wenden. Wenn ich mir dann alles von der Seele geredet habe, geht es mir besser. Allerdings gehe ich nicht sehr oft in Gottesdienste, weil Gott den Menschen dort durch, meiner Meinung nach, unzeitgemäße Predigten, nicht nahegebracht wird. Ich finde auch, daß ich, um mit Gott zu reden, nicht in ein Gotteshaus muß, denn in den gemeinsamen Gebeten dort, werden den Leuten doch Worte in den Mund gelegt, die sie vielleicht gar nicht sagen wollen und vieles, was sie sagen wollen, bleibt ungesagt. Ich will hier aber die Gottesdienstordnung nicht absolut verdammen, ich will nur sagen, daß meinem Glauben nach Gott überall ist« (37/0648).

Für eine *religionspädagogische Begleitung* enthüllen sich in diesen Aussagen zunächst deutliche *Grenzen*. Der Religionsunterricht kann nicht leisten, was die Jugendlichen erhoffen. Aber er sollte darum wissen. Er sollte wissen, daß die Distanz zur Kirche auch einen sehr persönlichen Grund haben kann. Die Haltung zur Kirche reicht von den oberflächlichsten, konventionellsten Argumenten für sie – »Ich bin noch religionszugehörig, weil die Zivilisation (Mehrheit, Eltern) die Religion unterstützt (Steuergelder). Eben, weil es sich so gehört« (10/0161) – bis zu jener ganz persönlichen Gottesbeziehung, die sich in dem Zitat eben spiegelte und ebenfalls zur Distanzierung führen kann. So oder so aber ist die Kirche mit im Spiel; darum sollte das *Verhältnis zur Kirche* bei jeder Gelegenheit, in Schule, Gemeinde und kirchlicher Jugendarbeit, zu einem weiteren bedeutsamen Gegenstand werden.
Nach entwicklungspsychologischen Studien ist die Jugendzeit die Lebensphase, in der eine selbständig durchdachte persönliche Gottesbeziehung erwartet werden kann, ja, erhofft werden sollte. Wir können dies bestätigen. Die Glaubensentwicklung erreicht die Stufe des *»individuiert-reflektierenden«* Glaubens (J. W. Fowler)[44]. Diese Stufe kann freilich

44 Vgl. J. W. Fowler, Stages of Faith, a.a.O., S. 174ff. – Die Untersuchung von *Sh. Parks* (The Critical Years. The Young Adult Search for a Faith to Live

auch die des größten Abstandes zur Religion werden, besonders zur Kirche als Institution, die Stufe eines *»Deismus«* (F. Oser/P. Gmünder)[45], auf welcher man sich nahezu nur noch auf sich selbst und seine Kräfte verläßt und Gott bestenfalls als Weltschöpfer am Anfang für möglich hält, der aber jetzt im eigenen Leben kaum noch eine Rolle spielt.
Mit diesen Merkmalen ist die Jugendzeit eine Entscheidungszeit, in der die religionspädagogische Begleitung wichtig ist und in der auch der Religionsunterricht trotz seiner Grenzen eine große Chance hat, besonders für das Alter der Jugendlichen, mit denen wir hier im Gespräch sind, das Alter ab 16.[46] In den Jahren zwischen 18 und 20 scheint sich die Radikalität der kritischen Prüfung noch einmal zuzuspitzen.[47] Der Kon-

By, San Francisco u. a. 1986) zeigt in Anlehnung an ältere Studien W. Perrys, daß der Verselbständigungsprozeß über mehrere Zwischenstadien verläuft. Die Sinn- und Glaubenssuche der jungen Erwachsenen ist insgesamt durch die Spannung zwischen Verheißung (promise) und Verwundbarkeit (vulnerability) geprägt (S. 73ff).

45 F. Oser/P. Gmünder, Der Mensch. Stufen seiner religiösen Entwicklung, a.a.O., S. 94ff.

46 Dies ist eins der wichtigsten Ergebnisse der empirischen Erhebung A. Feiges (Erfahrungen mit Kirche, a.a.O.). Mit der Verschiebung des Reflexionsniveaus von der Früh- zur Spätadoleszenz (vgl. schon oben R. Döbert, Teil III, Anm. 10), d. h., im Zusammenhang der gewachsenen Reflexionsfähigkeit brauchen gerade Schüler im Berufsschulalter und auf der gymnasialen Oberstufe ein Forum, um die »Basiseinstellungen, die in der Regel unreflektiert-emotional übernommen werden« (S. 33), zu durchdenken. Den Religionsunterricht in Berufsschule und Gymnasium nennt Feige daher »eine vielleicht entscheidende Anregung zur aufgeschlossenen Beschäftigung mit dem Christentum und seiner Kirche« (S. 24). Der Religionsunterricht gibt die »Chance«, »über Kirche zu reflektieren und damit auch über die mit der Konfirmation getroffene ›Entscheidung‹« (S. 33). – Die Rede von Entscheidung darf nicht mißverstanden werden. »Nur wenige schreiben davon, daß sie religiöse Entscheidungen getroffen haben, die einen Bruch mit ihrem bisherigen Leben bedeuten. Die charakteristische Entwicklung der Religiosität vollzieht sich eher kontinuierlich« (W. Sziegaud-Roos, a.a.O., S. 379).

47 Vgl. *A. Feige*, Kirche auf dem Prüfstand. Die Radikalität der 18–20jährigen. Biographische und epochale Elemente im Verhältnis der Jugend zur Kir-

firmandenunterricht hört zu früh auf, um die kritischen Fragen zu Gesicht zu bekommen. Damit läuft alles, was zu tun ist, auf die kirchliche Jugendarbeit und besonders auf den schulischen Religionsunterricht zu.
Daß der Religionsunterricht für Berufschüler, unsere Mehrheit, immer wieder ausfällt, ist nicht zu verantworten. Man beraubt die Jugendlichen gerade in der Lebenszeit kompetenter theologischer Gesprächspartner, in der sie die meisten ausgesprochenen und unausgesprochenen theologisch relevanten Fragen haben. Sie haben sie im Zeichen eines gewachsenen *selbständigen Denkens.* Durch einen Religionsunterricht, der ihnen beim selbständigen Nachdenken über Gott und die Kirche hilft, kann die Kirche ihren einladenden Charakter vielleicht ein Stück weit zurückgewinnen; denn in diesem Sinne bleibt der Religionsunterricht nach wie vor »Kirche in der Schule«.

7. Gott – der alle Menschen unbedingt liebt

Die selbständige Gottesbeziehung schließt meist auch ein sehr *individuelles Gottesverhältnis* ein. Wieweit entwickelt es sich heute überhaupt noch auf der Linie der christlich-kirchlichen Glaubenslehre? Welche Rolle spielt hierbei das reformatorische Erbe? Es sei nur eine Beobachtung abschließend hervorgehoben. Sie verweist theologisch ins Zentrum und führt auf den Anfang, die Erwartung an Gott als Helfer, zurück.
Wenn sie schon an den christlichen Gott glauben, wünschen Jugendliche heute, wie es scheint, den Gott, der *bedingungslos liebt und verzeiht.* Mit Forderungen, mit Geboten und Verboten, etwa gar mit dem Gericht, soll er nichts zu tun haben.

che. Ein Vergleich zwischen 1972 und 1982, in: J. Matthes (Hg.), Kommentarband (Arbeitstitel) zur 2. EKD-Umfrage, Gütersloh (i. Dr.).

»Ich denke, daß diese Person (gemeint ist Gott, Vf.) nur Gutes für die Menschen will. Er ist ein Gott der Liebe und von Strafen darf nicht die Rede sein« (17jährige Schülerin der Sozialpädagogik, 01/0017).
»Ich glaube nicht an den Gott wie ihn die Kirche mir vorschreibt, ich glaube an meinen eigenen Gott, der mich zu nichts zwingt, zu dem ich kommen kann, der mir Beistand leistet, der mich nicht verurteilt« (Maurer ca. 17 J., 26/0476).
»Gott ist ... für mich jemand zu dem ich manchmal spreche, aber weiß daß er nicht da ist. Ich kann mit ihm sprechen und er kritisiert mich nicht er versteht immer und weist nicht ab. Ich kann ihn mir eigentlich nicht vorstellen weil ich nicht direkt an ihn glaube. Ich glaube an irgend etwas das mich versteht aber keine Opfer von mir will ob es Gott ist weiß ich nicht« (Friseuse, 2. Lehrjahr, 13/0214).

Selten sind Äußerungen, die die beiden Seiten in Luthers »Wir sollen Gott fürchten und lieben« gleichzeitig sehen und bejahen:

»Gott ist erhobener Zeigefinger. (Du sollst nicht ...). Gott ist aber auch ausgebreitete Arme. (Kommet alle zu mir ...)« (Schüler eines beruflichen Gymnasiums, Kl. 12/13, 07/0119).

Noch seltener ist ein ausdrückliches Bekenntnis zur Liebe Gottes in der Menschwerdung und Kreuzigung Jesu auf dem Hintergrunde der Erkenntnis menschlicher Schuld.

»Ich denke, daß die Liebe Gottes am meisten durch die Menschwerdung Jesu und durch die Vergebung unserer Schuld im Kreuz deutlich wird. Das trennende der Schuld ist damit weggenommen und wir haben die Möglichkeit, auf ›dieser Brücke‹ zum Vater zurückzukehren« (Wirtschaftsgymnasiast Kl. 12, 48/0849).

Wenn überwiegend ein allen Menschen an allen Orten und zu jeder Zeit helfender und verzeihender Gott gesucht wird, so nicht darum, weil man sich vor allem schuldig fühlt, sondern weil man Liebe braucht. Nicht Sünde und Sündenbewußtsein machen zu schaffen, sondern die menschliche Kälte in der Welt. Der hermeneutische Zugang zur Gotteserfahrung scheint nicht mehr allein die *Schulderfahrung* zu sein, jene Gewissensdialektik, wie sie der reformatorischen Rechtfertigungslehre zugrunde liegt. Schulderfahrungen treten entweder zurück, etwa im geschlechtlichen Bereich auf Grund einer liberalen Erziehung und permissiven Gesellschaft, oder sie werden durch eine elementare *Hilfs- und Liebebedürftigkeit* sowie durch die Sehnsucht nach Geborgensein vor dem Leid der Welt überlagert. Die Frage des Selbstwerts wird wichtig; nicht umsonst haben Narzißmustheorien ihre Zeit.

Wird bei einer Religiosität, die sich in diesen Erfahrungsraum einbettet, die Dialektik des Rechtfertigungsglaubens, das simul iustus et peccator, preisgegeben? Zunächst muß man dies aus theologischer Sicht sagen. Was bleibt von der Erfahrung des lebendigen Gottes der Bibel, wenn er als der stets nur gütig lächelnde mütterliche Gott gesucht wird? Zu fragen ist auch, ob ein solcher Gottesglaube vor der Realität des Lebens standhalten kann. Weil Kreuz und Auferstehung nicht mehr im Blick sind, wird auch das Kreuz der Wirklichkeit nicht erkannt.

Und dennoch wird – irgendwie – der Gott des *Evangeliums* gesucht, der Gott, der über alle menschliche Vorstellungskraft hinaus den Menschen annimmt und liebt. Ich kenne junge Religionslehrer und Theologen, die aus diesem Grund nichts so schätzen wie die Erwählungslehre Karl Barths, weil in ihr die Unbedingtheit der Liebe Gottes, der sich von Anfang an zur ganzen Menschheit liebend entschlossen hat, ihren leuchtendsten Ausdruck gefunden habe.[48] Jugendliche

48 *K. Barth*, Kirchliche Dogmatik II/2. In der Zusammenfassung *E. Jüngels*: »Gottes Gnadenwahl ist als ›*Summe* des Evangeliums‹ und ›Inbegriff aller guten Nachricht‹ der Anfang ›aller Wege und Werke Gottes‹« (Gottes Sein ist im Werden, Tübingen ^{3}1976, S. 82, vgl. KD II/2, S. 13 u. S. 1).

sind nach wie vor auf der Suche nach dem Kern der Frohen Botschaft. Heranwachsende brauchen sie in beiden Lebensaltern, in Kindheit und Jugendzeit. Erwachsenwerden ohne Gott? Viele mögen es so meinen und ihren Weg entsprechend gehen. Viele andere möchten mit Gott erwachsen werden.
Als religionspädagogische Antwort auf den letzten Punkt ist weniger die Rechtfertigungslehre als theologische Lehre im Unterricht zu vermitteln als *aus der Mitte der Rechtfertigungsbotschaft heraus zu unterrichten*, im Lichte ihrer heilsamen Unterscheidungen und notwendigen Zuordnungen. Sie ist im Grunde keine komplizierte theologische Lehre, sondern eine elementare Antwort auf eine elementare Frage. Sie hat bei Paulus und Luther den Charakter einer Durchbruchserfahrung gehabt. Diesen Charakter sollte sie behalten; sie ist kein verstaubtes Stück aus der Vitrine der Dogmatik. In diesem Sinne schließt sie den Kreis der identifizierten Grundthemen ab.

8. Zusammenfassung

Der zurückgelegte Weg hat ein differenziertes Bild ergeben. Es reicht von religiöser Erweckung und neuem Engagement bis zu lähmender Gleichgültigkeit. Unter der Oberfläche, im Untergrund der Lebensvergewisserung, treibt jedoch nach wie vor die Gottesfrage um. Sie macht mit wenigen zentralen Grunderwartungen quer durch das ganze Spektrum hindurch zu schaffen.
Glaubenszweifel und Gottessuche verschränken sich und konzentrieren sich auf einige *elementare Fragen*: ob Gott einen persönlich liebt und den Menschen hilft; ob er auch widersinnigem Leid noch Sinn verleihen kann; ob er alles erschaffen hat und am Ende alles in allem sein wird; ob er über-

haupt existiert und die Rede von ihm nicht ein leeres Wort ist. Den elementaren Fragen entsprechen *fundamentale theologische Themen*: das Theodizeeproblem, Schöpfung und Evolution, Tod und Auferstehung, Existenz Gottes zwischen Religionskritik und Religionsbegründung. Dazu identifizierten wir das Thema der Kirche und ihre Glaubwürdigkeit und das Thema der Rechtfertigungslehre. In ihnen steht zugleich der ethische Auftrag des Christentums auf dem Spiel, weil sich glaubwürdiges Christsein im Verhalten der einzelnen Christen und der Kirche als Institution zu erweisen hat, und zwar als kompromißlose Anwaltschaft für Menschlichkeit. Die Kirche ist theologisch zu elementarisierender Verkündigung und überzeugendem Handeln herausgefordert.

Noch ist insgesamt die christliche Herkunft der Fragen zu erkennen, die die Jugendlichen bewegen. Zugleich aber zeigt sich immer deutlicher die *Ablösung von der christlichen Tradition*. Bei den Facetten der Gottesfrage kommen die spezifischen christlich-kirchlichen Glaubensinhalte so gut wie gar nicht mehr von selbst in den Blick. Die Gottesfrage ist im Begriff, sich von ihrem überkommenen christlich-kirchlichen Deutungsrahmen abzukoppeln.

Besonders fällt die fehlende Beziehung an folgenden Punkten auf. Es lag den Schülern nicht nahe, mitzubedenken, daß sich nach der Lehre der christlichen Kirche – es handelt sich um die zentrale Mitte – Gott

in Jesus offenbart hat.

Es lag den Jugendlichen ferner nicht nahe, mitzubedenken, daß die Kirche auf die Frage nach dem »Weiterleben nach dem Tode«

mit dem Auferstehungsglauben antwortet.

Schließlich war ihnen in keiner Weise gegenwärtig, daß die Kirche auf die Frage nach dem Sinn des unverständlichen Leidens (Theodizeeproblematik)

mit der Botschaft vom Kreuz antwortet.

Schließlich fällt auf, daß sich die hermeneutisch relevanten Erfahrungsvoraussetzungen für die reformatorische Rechtfertigungslehre gewandelt haben. Die Gottesfrage selbst hat ihr Gewicht behalten, stellt sich aber in einem verselbständigten Zusammenhang – in einer tendenziell nachchristlichen Situation.

Gleichwohl sind Gottes- und Kirchenproblematik wiederum auch miteinander verbunden. Andreas Feige hat beobachtet, daß Jugendliche, die in dem betreffenden Alter nach ihrem Verhältnis zur *Kirche* gefragt worden sind, mit ihrem Verhältnis zu *Gott* antworten, um an diesem Verhältnis als dem für sie elementareren zu ermessen, was die Kirche für sie bedeutet.[49] Mit anderen Worten, ihr inneres und äußeres Verhältnis zur Kirche bestimmt sich wesentlich mit danach, wie die Kirche gedankliche Orientierungshilfen für den Glauben gibt. Die Kirche ist nach klaren Antworten gefragt.

In der religionspädagogischen Arbeit ist auf diesem Hintergrund nach wie vor ein die Lebens- und Glaubensprobleme miteinander verschränkender thematischer Unterricht gefordert, der zusammen mit den Schülern auf der Grundlage der biblischen Aussagen um systematische theologische Klärungen bemüht ist. Mehr noch als bisher müßte sich jedoch dieser Unterricht um die wirklich zentralen Themen versammeln. Er hat die elementarisierende Konzentration auf sie noch vor sich.

Vor allem aber: Unterricht in der christlichen Religion ist eine unabschließbare Aufgabe für *Erwachsene*. Der Befund, daß den Jugendlichen die wesentlichen Elemente des christlichen Glaubensverständnisses nicht geläufig, geschweige existentielles Eigentum sind, hängt ja nicht zuletzt damit zusammen, daß die lebensgeschichtliche Entwicklung des Glaubens Zeit braucht. Den Kern der christlichen Existenzerfahrung zu er-

49 Kirche auf dem Prüfstand, a.a.O.

fassen, den Sinn von Kreuz und Auferstehung, »die Erlösung von der Macht und dem Fluch der Sünde durch die Person Jesu Christi ..., vermag nur ein gereifteres und vielfach gebrochenes menschliches Leben«, wie der praktische Theologe Otto Baumgarten schon Anfang des Jahrhunderts zu bedenken gab.[50] Was alles an christlichem Glaubenswissen fehlt, wie wir oben feststellten, ist mithin zwar einerseits auf mit Recht einzuklagende Schwächen der Unterweisung Jugendlicher zurückzuführen, andererseits aber darin begründet, daß die lebensgeschichtlichen Erfahrungsvoraussetzungen kaum gegeben sind.

Daraus folgt – für Otto Baumgarten ist es das »ceterum censeo« seiner »ganzen Erörterung« –: »nicht verfügen, nicht erzwingen, nicht abschließen wollen, vielmehr die Reife abwarten!«[51]. Das aber heißt erstens – und man wußte es schon vor den Einsichten der dann folgenden theologischen Erneuerung durch Karl Barth und andere –, den Geist Gottes am Menschen handeln zu lassen; es heißt zweitens, den »Unterricht des Lebens« ernstzunehmen: Aller Unterricht an Kindern und Jugendlichen bleibt »notwendig halb, bewußt halb; die Überführung der Kenntnisse in eigene Überzeugung, die religiöse Erziehung und Erweckung bleibt zumeist dem Geiste Gottes und dem Unterricht des Lebens überlassen« (ebd.). Für Baumgarten war es freilich ebenso selbstverständlich, daß dies Bewußtsein von den Grenzen, die den menschlichen Möglichkeiten gesetzt sind, gleichwohl die mannigfachsten Orientierungshilfen für Erwachsene einzuschließen hatte.[52] Dabei galt – und gilt es noch heute –, im protestantischen

50 *O. Baumgarten*, Neue Bahnen. Der Unterricht in der christlichen Religion im Geist der modernen Theologie. Tübingen/Leipzig 1903, S. 12.

51 A.a.O., S. 95.

52 Baumgarten fordert mehr gedankliche, argumentative Hilfen durch die Gemeindepredigt, ferner öffentliche Vorträge über religiöse und ethische Fragen, Bibelseminare und Hilfen durch religiöse Literatur (S. 96ff).

Geist eine »offene Besprechung der Probleme« zu wagen[53], den »Kampf mit den Gedanken« nicht zu scheuen (ebd.), vor allem die Pfarrer nicht aus ihrer Verpflichtung zu entlassen, den Mitgliedern der Kirche zu »klaren Anschauungen« zu verhelfen.[54] Diese Aufgabe betrifft keineswegs allein die Erwachsenen der sogenannten Kerngemeinde, sondern die modernen Zeitgenossen überhaupt, denn, so nochmals Baumgarten im Jahre 1903: »Wir sind überzeugt, daß viele Gottsucher unter uns leben, die uns einmal dessen bezichtigen können, daß wir ihnen nicht geboten haben, was sie suchten«[55]. Die Frage nach den Erwachsenen als pädagogischer Perspektivenwechsel, das Thema des folgenden abschließenden Kapitels, ist schon Anfang dieses Jahrhunderts aufgeworfen worden.

53 A.a.O., S. 102.

54 A.a.O., S. 102.

55 A.a.O., S. 102, vgl. hierzu die aufschlußreiche Studie von *P. C. Bloth*, Baumgartens Weg zu den »Neuen Bahnen« als religionsdidaktischem Emanzipationsprogramm, in: W. Steck (Hg.), Otto Baumgarten. Studien zu Leben und Werk, Neumünster 1986, S. 121–128.

IV Zur Lebensgeschichte mit Gott im Erwachsenenalter

Wenn die Glaubenskrise in unserer Zeit anhand der Gottesfrage in den Blick genommen wird, anstatt sie nur im Spiegel des mangelhaften Gottesdienstbesuchs der Jugendlichen zu beklagen, sind vornehmlich wir Erwachsenen selbst gefragt, allerdings nicht allein nach unseren religionspädagogischen Fähigkeiten. Es geht darum, ob wir mit denselben notvollen Problemen, die auch unsere Probleme und Zweifel bleiben, so theologisch weitergekommen sind, daß wir ehrlich antworten können.

1. Die Frage nach den Erwachsenen als pädagogischer Perspektivenwechsel

Lange Zeit pflegte man »Pädagogik« und »Erwachsene« in der Kirche nur der »kirchlichen Erwachsenenbildung« zuzuordnen. Die Aufgabe ist jedoch grundsätzlicher Natur. Man muß davon ausgehen, daß überhaupt die *Erwachsenen* den *Schlüssel zu den Erziehungsproblemen* bilden, vorausgesetzt, wir verstehen Erziehung auf dem Hintergrund des Lebens im ganzen und begreifen die Erziehungsprobleme als Spiegel unserer Lebensziele und -verhältnisse in Gegenwart und Zukunft, für die wir Erwachsenen heute verantwortlich sind.[1]
Wer unvoreingenommen auf alle Lebensalter blickt, vermeidet den sogenannten *»Alterszentrismus«*[2]. Unter diesen Be-

1 Zu diesem Perspektivenwechsel vgl. die Bildungssynode der EKD in Bethel 1978, *Kirchenkanzlei der EKD* (Hg.), Leben und Erziehen – wozu? Gütersloh 1979, S. 22, 82, 89f.

2 *M. Kohli*, Sozialisation im Erwachsenenalter – Eine neue Perspektive für

griff faßt man eine Betrachtungsweise, bei der die Erwachsenen die Kinder und Jugendlichen als »Noch-nicht Erwachsene« beurteilen. Die Erwachsenen gehen ungebrochen von ihrer Alltagsperspektive als volle Mitglieder der Gesellschaft aus. Kinder müssen dann als »unverständige, unreife, irrationale, inkompetente ... Wesen« gelten.[3] Erziehung erscheint nur als Beseitigung eines Defizits. Analog beurteilt man die Jugendlichen. Sie bilden ein gesellschaftliches Problem; man macht sie zum »Problemfall«. Tatsächlich lernen und entwickeln sich auch noch die Erwachsenen, und sie haben es nötig. Sie lernen von gleichaltrigen Erwachsenen, von älteren und auch von jüngeren einschließlich der Kinder und Jugendlichen. Es ist darum viel angemessener, das Leitbild einer gesellschaftlichen *Lerngemeinschaft* zu verfolgen und statt von Erziehung vom Lernen zwischen den Generationen zu sprechen.[4]

Die Kirche hat allen Grund, diesen Perspektivenwechsel aus theologischer Sicht mitzuvollziehen. In pädagogischer Begrifflichkeit hat Kirche viererlei Gestalt und Aufgaben. Mit der »Erziehung durch die Kirche« nimmt sie seit altersher ihren Auftrag als »erziehende und lehrende Kirche« wahr. Als »Kirche für Kinder, Jugendliche und Erwachsene« ist sie besonders in unserer Zeit in einer weltoffenen, gesellschaftsdia-

die Sozialisationsforschung, in: H. M. Griese (Hg.), Sozialisation im Erwachsenenalter, Weinheim/Basel 1979, S. 106.

3 *R. MacKay*, Conceptions of Children and Models of Socialization, in: H. P. Dreitzel (ed.), Communicative Behavior, New York 1973, S. 27f., zit. n. M. Kohli, a.a.O., S. 105 (Übers. v. Verf.).

4 Vgl. das Konzept in *K. E. Nipkow*, Grundfragen der Religionspädagogik, Bd. 3: Gemeinsam leben und glauben lernen, Gütersloh 1982. Siehe ferner *Kirchenamt der EKD* (Hg.), Zusammenhang von Leben, Glauben und Lernen. Empfehlungen zur Gemeindepädagogik, Gütersloh 1982; ferner *J. Hanselmann*, Gemeinsam glauben, leben, lernen. Zum erzieherischen Auftrag der Kirche. Grundsatzreferat anläßlich der Tagung der Landessynode in Neuendettelsau am 14. 4. 1986.

konischen Haltung zur »Kirche als Diakonie« geworden. Mit dem Ziel, »Kinder, Jugendliche und Erwachsene für den Glauben und die Kirche« zu gewinnen, wird sie in Zukunft verstärkt »Kirche als Mission« sein müssen. Lange übersehen wurde der vierte Aspekt: »Kinder, Jugendliche und Erwachsene als Kirche« – die *»Kirche als Lern-, Lebens- und Glaubensgemeinschaft«*[5]

In unserer westlich-europäischen Kultur ist der Erwachsene im jungen bis mittleren Erwachsenenalter zum Ideal geworden. Wir verherrlichen das Lebensalter der biologischen Stärke und beruflichen Produktivität. In Asien gilt die Weisheit der Alten als Maßstab des Lebenslaufs. Im Neuen Testament stellt Jesus ein Kind in die Mitte der Jünger, damit sie von ihm lernen (Mt 18,1–5 par) – eine unerhörte Umkehr aller gewohnten Maßstäbe.[6] Der Weg, der durch Kindheit und Jugendalter zurückgelegt worden ist und nun auf die Fortsetzung im Erwachsenenleben verweist, ruft die Frage nach den Maßstäben wach: Welches Leitbild soll bei der Begleitung durch die Lebensalter bestimmend sein? Wir sagen lieber »Begleitung« statt »Erziehung«, um durch diese Wortwahl die Achtung vor dem persönlich-privaten Gott des Kindes und dem persönlichen Gottesverhältnis des Jugendlichen auszudrücken, erst recht vor der individuellen religiösen Lebensgeschichte des Erwachsenen, die zu »erziehen« nicht angeht.

Die Antwort auf die Frage sei von drei Seiten zu geben versucht, mit Hilfe der allgemeinen Lebenslaufforschung (2.), durch die Einbeziehung psychologisch orientierter spezifischer »Theorien der Glaubensentwicklung« (3.) und im Rückblick auf die Anfänge evangelischen Nachdenkens über

5 Ausführlicher hierzu in: Grundfragen der Religionspädagogik, Bd. 3, Kap. 5.

6 Vgl. hierzu die eindrücklichen Interpretationen in *H.-R. Weber*, Jesus und die Kinder, Hamburg 1980.

Gott und den menschlichen Lebenslauf bei Luther, Comenius und Hamann im Sinne einer »Theologie der Glaubensgeschichte« (4. bis 6.).

2. Gott – einbezogen in den Wandel der Lebensphasen

Auch das Erwachsenenleben ist alles andere als einheitlich oder unveränderlich. Wir durchlaufen nach Daniel J. Levinson »stabile Phasen« und »Übergangsphasen« mit charakteristischen Herausforderungen, je nach den Lebenskonstellationen, von den individuellen Situationen als Ursachen ganz abgesehen.
In den *Zwanzigerjahren* schwanken Leben und Glauben zwischen dem Streben nach *Unabhängigkeit* und *Abhängigkeit.*[7] Uns trägt auf der einen Seite ein entwicklungsbedingter Optimismus, und wir bilden einen »Lebenstraum« aus, falls nicht gesellschaftlich bedingte Zwänge so etwas fast ganz verhindern. Auf der anderen Seite kann das religiöse Selbstverständnis nachhaltig in den Widerstreit zwischen Selbständigkeitsstreben und geheimer Abhängigkeit hineingezogen werden. Es gerät zwischen die brüske Abwehr jener kirchlichen Traditionsansprüche, die als verlängerte Zumutung elterlicher Bevormundung erscheinen, und die verdeckte Erwartung, Gott könne einem vielleicht doch die Verantwortung abnehmen und, wenn Not am Mann ist, wie früher die Eltern oder der imaginierte Teddybär-Kindergott stets zur Stelle sein. Aus dem überzogenen Unabhängigkeitsstreben kann sich ein Abbruch aller Beziehungen zur Religion und Kirche ergeben

7 Vgl. D. J. Levinson, Das Leben des Mannes, a.a.O.; Sh. Parks, The Critical Years, a.a.O.; aus psychoanalytischer Sicht *R. L. Gould*, Lebensstufen. Entwicklung und Veränderung im Erwachsenenleben, Frankfurt/M. 1979 (amerikanisch: Transformations. Growth and Change in Adult Life, New York 1978).

oder auch eine egozentrisch-individualistische Weise religiöser Selbstdarstellung. Aus dem Abhängigkeitsbedürfnis kann umgekehrt ein Verlangen nach religiöser Bindung bis zu religiöser Unterwerfung erwachsen, z. B. in »neuen religiösen Bewegungen«, »Jugendreligionen« und anderswo.
Das dritte Lebensjahrzehnt ist eine Lebenszeit, in der auch Theologiestudenten und in der Ausbildung befindliche kirchliche Mitarbeiter in der Regel noch ein großes Orientierungsbedürfnis haben. Viele nehmen nicht darum ihr Studium auf, weil sie im Glauben gefestigt sind, sondern weil sie umgekehrt durch ihr Studium persönliche Glaubensvergewisserung erhoffen.
Die *Krise um 30*, wie sie Levinson und andere meinen feststellen zu können, ist durch die *Zweifel an der Richtigkeit der getroffenen Entscheidungen* charakterisiert. Eine innere Stimme sagt: »Wenn ich mein Leben ändern möchte, dann muß ich das jetzt in Angriff nehmen, denn bald wird es zu spät sein.« Zweifel an der Wahl des Lebenspartners, an der Wahl des Berufs und erste Ernüchterungen hinsichtlich des Lebenstraumes können Irritationen hervorrufen, die auch die Gotteserfahrung mitsamt dem Bild der Kirche berühren. Sind wir Älteren sensibel genug für die Glaubensprobleme unserer in diesem Alter befindlichen Vikare, Referendare, jungen Lehrer und Lehrerinnen sowie kirchlichen Mitarbeiter, besonders der Erzieherinnen in den Kindergärten? Falsch wäre es, von ihnen eine abgeklärte Glaubensauffassung zu erwarten.
Im Übergang zum *vierten Lebensjahrzehnt*, den Jahren des »Seßhaftwerdens«, kommt die Aufgabe hinzu, selbst die Elternrolle zu übernehmen, auf die man in unserer Gesellschaft in der Regel schlecht vorbereitet wird. Junge Mütter stehen jetzt oft vor der Verlegenheit: »Was soll ich meinem Kinde sagen, wenn es mich nach Gott, nach Jesus, nach dem Tode oder dem Weiterleben nach dem Tode fragt?« Manche Eltern entdecken, daß das Thema Religion für ihr Leben noch nicht er-

ledigt sein kann und darf, daß ein Erwachsenwerden ohne Gott eine Selbsttäuschung ist. Wird sich die Kirche ihnen so zeigen, daß sie zu ihrer Verkündigung wieder Vertrauen gewinnen? Oder wird man sie vergessen? Werden die Jahre zwischen 30 und 60 auch insofern »vergessene Jahre« werden, als die Kirche die Menschen in dieser Lebensphase vernachlässigt?

Spätestens das *mittlere Erwachsenenalter* mit dem Übergang in die *Fünfzigerjahre* rückt einem vor Augen, daß zwei Drittel bis drei Viertel des Lebens gelebt sind. Die eigenen Eltern sterben; man rückt selbst in die Gruppe derer auf, die aus der Sicht aller Jüngeren ›die Nächsten‹ sind. Das körperliche Schwächerwerden kündigt sich immer deutlicher an, Krankheiten stellen sich ein. Die Kinder gehen aus dem Haus. Ehepaare sind auf sich selbst zurückgeworfen. Am zurückgelegten beruflichen Weg kann jetzt in der Regel nichts mehr revidiert werden. An wem lag es, wenn er wenig sinnerfüllt war? Ist die längst fällig gewordene innere Auseinandersetzung, die Öffnung nach innen, versäumt worden?

In diesem Lebensalter besteht die Entwicklungsaufgabe darin, das Leben in seinen Widersprüchen zu bewältigen und die eigene Endlichkeit ernstzunehmen. Theologisch gesprochen geht es darum, *in Anfechtung leben und glauben zu lernen*. Mit dieser Aussage werden jedoch die Kategorien der allgemeinen Lebenslaufforschung bereits verlassen.

Lebenslaufforschung von der Art, wie sie D. J. Levinson klassisch repräsentiert, denkt von Entwicklungsaufgaben her, die sich aus dem Zusammenspiel biologischer Entwicklungs- und Alterungsprozesse mit familiär, beruflich und gesellschaftlich bedingten Veränderungen der Lebenskonstellationen ergeben. Von Glaube und Gott ist hierbei nicht die Rede, Die religiöse Lebenslinie ist kein Untersuchungsgegenstand. Was soeben dazu vermutet worden ist, sind mittelbar abgeleitete Folgerungen.

3. Gott – wiedergefundene Kindheit und Reichtum der Wahrheit

Anders ist dies dort, wo man gewagt hat, unmittelbar die »Glaubensentwicklung« selbst zu erforschen. Unter dem Eindruck der berühmten Untersuchungen Jean Piagets und seines nicht weniger bekannten Schülers Lawrence Kohlberg haben dabei die Schweizer Fritz Oser und Paul Gmünder den Gedanken geprüft, ob sich ähnlich wie das Denken und das moralische Urteilen auch das »religiöse Denken« bzw. »religiöse Urteilen« in *»Stufen«* vollzieht.[8] Der Amerikaner James W. Fowler hat sich nicht auf das religiöse Denken und Urteilen beschränkt, sondern ganz allgemein den (religiösen) »Lebensglauben« von Menschen (Fowler spricht von »faith« in einem sehr allgemeinen Sinne) auf seine stufenförmige Entwicklung hin beobachtet (»theory of faith development«)[9]. Mit einem eigenen Konzept ist ihm darin auch Gabriel Moran gefolgt.[10] Führen diese Untersuchungen noch näher an die Lebensgeschichte mit oder ohne Gott im Erwachsenenleben heran?

Die genannten Entwicklungstheorien möchten möglichst allgemeingültig anwendbar sein, auf die Lebensgeschichten von Menschen mit unterschiedlichsten religiösen oder philosophischen Bindungen. Die Folge ist, daß Fowler gar nicht

8 Der Mensch. Stufen seiner religiösen Entwicklung, a.a.O. Zur kritischen Würdigung vgl. *F. Schweitzer*, Religion und Entwicklung. Bemerkungen zur kognitiv-strukturellen Religionspsychologie, in: Wege zum Menschen 37 (1985), S. 316–325.

9 Stages of Faith, a.a.O. Zur kritischen Einordnung vgl. meine Abhandlung: Lebensgeschichte und religiöse Lebenslinie. Zur Bedeutung der Dimension des Lebenslaufs in der Praktischen Theologie und Religionspädagogik, die im Herbst 1987 in Bd. 3 des Jahrbuchs der Religionspädagogik erscheinen wird (Neukirchen-Vluyn).

10 *G. Moran*, Religious Education Development. Images for the Future, Minneapolis 1983.

mehr von Gott spricht, sondern den Gegenstand des »Lebensglaubens« das mit anderen »geteilte Wert- und Machtzentrum« nennt[11], während Oser von dem »Ultimaten« bzw. der »Transzendenz« redet.[12] Auch die Beschreibungskategorien im einzelnen sind bei Oser und Fowler nur bedingt geeignet, der Gottesfrage gerecht zu werden.

Trotzdem sind die erwähnten Theorien und die mit ihrer Hilfe gefundenen empirischen Ergebnisse schon in der bis jetzt vorliegenden Form aufschlußreich. Der Bruch mit dem Kinderglauben im Jugendalter muß nicht das Ende der religiösen Lebenslinie überhaupt sein. Unser Leben ist auch im Verhältnis zu Gott *entwicklungsoffen.* Theologisch formuliert hält Gott selbst es in seine Zukunft mit ihm offen. Es gibt Stufen des Glaubens jenseits der Bruchzone, die durch die Einbruchstellen im vorigen Kapitel gekennzeichnet worden ist.

Zwar führt bei zahlreichen Menschen heute die Lebenslinie zu einer Stufe, wo sie mehr oder weniger entschlossen und kritisch ihren Glauben überprüfen. Neben dem Alter zwischen 16 und 20 (s. Kap. III) war in diesem Kapitel auch noch das dritte Lebensjahrzehnt als eine Zeit des Ringens zwischen Abhängigkeit und Unabhängigkeit charakterisiert worden. Seit der europäischen Aufklärung im 18. Jahrhundert ist das Streben nach Autonomie zu einer allgemeinen Möglichkeit des Menschen geworden. Das besagt: wenn schon Gott im eigenen Leben, dann nicht ohne Selbstbestimmung und Selbstverantwortung. Bei J. W. Fowler spiegelt sich dies in der von ihm identifizierten Stufe 4 des *»individuiert-reflektierenden« Glaubens.* Das Autonomiestreben kann allerdings bis fast an die Grenze der Preisgabe des Gottesglaubens gehen, wie dies bei Oser und Gmünder auf der Stufe 3 des »Deismus« aufscheint. Das Ergebnis kann auch ein erklärter Atheismus sein.

11 A.a.O., S. 17.

12 A.a.O., S. 30, Anm. 13 u. passim.

Insgesamt trägt das Stadium den Charakter einer *Krise*. Sie kann wie jede Krise den endgültigen Abbruch zur Folge haben, aber auch zu einem Durchgang werden.
Wenn der zweite Weg möglich wird, scheint er weniger den Charakter einer stufenförmigen Leiter zu haben als den einer *spiralförmigen Aufwärtsbewegung*, in der zugleich eine *Rückwendung zur eigenen Kindheit* beschlossen liegt. In der Regel scheint sich diese Entwicklung erst im mittleren Erwachsenenalter anzubahnen. Das Streben nach Selbständigkeit und die Kraft zu eigenständiger Reflexion mögen in der Jugendzeit zuvor zu einer Überwindung unselbständiger konventioneller Glaubensgewohnheiten geführt haben. Meist war allerdings diese Entwicklung zunächst mit einem hohen Preis verbunden, mit dem möglichen Verlust der Kraft zu vertrauen, wie man als Kind vertrauen konnte, und mit der Verarmung der religiösen Bilderwelt; die inneren Glaubensbilder sind weithin der persönlichen »Entmythologisierung« zum Opfer gefallen.
Statt dessen kann nun eine *»zweite Naivität«* geschenkt werden (Paul Ricoeur). Die einst kritisch analysierten und leergewordenen religiösen Symbole werden wieder ganz und vielsagend. Sie sprechen in ihrer Wahrheit durch den historisch-kritisch fragenden Verstand hindurch wieder an. Es gelingt außerdem eine neue, positive Einschätzung der Glaubenskraft und Glaubensform des Kindes, das in diesen Bildern lebte. Es gelingt, sich selbst als Kind und den Gott der eigenen Kindheit wiederzufinden. Auf dem Grund der für immer überholten Formen des Kinderglaubens wird die nicht überholbare Wahrheit der vollgültigen Gottesbeziehung des Kindes erkannt. Eine »zweite Naivität« meint nicht einen kindischen, sondern einen kindlichen Glauben inmitten und zugleich jenseits kritischer Reflexivität.[13]

13 Vgl. hierzu inzwischen auch *R. Englert*, Glaubensgeschichte und Bildungsprozeß. Versuch einer religionspädagogischen Kairologie, München

James W. Fowler hat diese Stufe 5 im Laufe von zehn Jahren zwischen 1974 und 1985 immer wieder mit anderem Akzent bezeichnet: »polar-dialektisch«, »paradox-konsolidiert«, »verbindend«, »paradox-verbindend«. Für den »individuiert-reflektierenden« Glauben von Stufe 4 waren noch scharfe Gegenüberstellungen in der Wahrheitsfrage charakteristisch, die einseitige Behauptung des eigenen religiösen Standpunkts. Für den *»paradox-verbindenden Glauben«* ist es die Bereitschaft und Fähigkeit, die eigene Wahrheitserkenntnis um jener Wahrheit willen, die einen in der offenen Zukunft noch erwartet, offenzuhalten.
Theologisch interpretiert, wird einem die Einsicht geschenkt, daß die Fülle der Wahrheit in Jesus Christus, die mit der Vollendung der Schöpfung am Ende der Geschichte Gottes mit seiner Welt erwartet wird, grundsätzlich größer ist als der Christus unserer konfessionellen Dogmatiken: *konziliares ökumenisches Lernen* wird möglich. Das Engagement auf der Grundlage des eigenen persönlichen Glaubens und die Klarheit des selbständigen theologischen Urteils – der Gewinn der vorausgehenden Entwicklung – gehen dadurch nicht verloren, sondern werden ›aufgehoben‹, bewahrt und verwandelt zugleich. Wiederum wird, von einer anderen Seite her gesehen, die schlichte Vorstellung eines stufenweise fortschreitenden Glaubens unangemessen.[14]

1985 (Kap. 7: Dritte religionspädagogische Grundaufgabe: Die Ermutigung zu einer ›Naivität zweiten Grades‹).

14 Dem menschlichen Leben sind mehrere Symbole zugleich angemessen. Es ist eine »Reise« von einem Anfang zu einem Ende, die als »Kreis«, als »Zyklus« von »Jahreszeiten« verstanden werden kann, ohne Höherschätzung der einen Lebensjahreszeit vor der anderen (Levinson, S. 23), und auch als Folge von »Stufen« auf Grund von »Entwicklung«. Entwicklung kann generell nicht geleugnet werden, und sie hat partiell Stufencharakter, wie viele Befunde zeigen. Das alles aber gilt nur in psychologischer und anthropologischer Hinsicht, sofern christlicher Glaube immer auch eine menschliche Erfahrung und seelische Verfaßtheit bezeichnet. Es gilt nach reformatorischer

Die volle, wahre Rückwendung ist jedoch nicht allein die in die Kindheit, die Integration der Anfänge des Lebens. Sie ist auch nicht der Weg in die Offenheit: Sie liegt nicht nur in der Kraft beschlossen, von sich selbst absehen zu können und für eine noch größere Wahrheit und ihren Reichtum offenzuwerden. Die volle Rückwendung ist die Umkehr zu Gott aus der Tiefe des angefochtenen Lebens.

4. Gott – Umkehr in der Anfechtung des Alltags

Manche Lebenslaufforscher neigen dazu, das Leitbild für menschliche Reife als Selbstbehauptung im Fortschreiten *nach oben* zu definieren. Gail Sheehy schildert das Leben einer Frau namens Delia Barnes, die durch eine Reihe von Konflikten und Depressionen hindurchgegangen ist. Sheehy schließt die Schilderung ab, als die Frau im Alter von 47 Jahren einen Punkt erreicht hat, wo sie von sich sagt: »Ich werde mich nie nach unten hin anpassen.« Gabriel Moran fragt kritisch zurück, ob nicht auch diese Reife eine neue Gefangenschaft sein könnte.[15] Gibt es nicht ganz andere Alternativen? Sollte nicht die Frau versuchen, so meint er, sich *»nach innen«* anzupassen oder so *»nach unten«*, daß damit zwar gewiß nicht ein Rückfall ins gesellschaftliche Versagen, in den Zustand zuvor, gemeint sein soll, wohl aber Vorwärtsdringen in die Tiefe? Doch welche Tiefe ist gemeint, wenn es um das Verhältnis zu Gott geht?
Die modernen Theorien über »Wachstum« und »Stufen« des Glaubens denken von der Vorstellung eines zeitlichen Fortschreitens im Lebenslauf her. Die Erfüllung soll in einer

Lehre nicht soteriologisch, hinsichtlich des von Gott zu jeder Lebenszeit ohne Vorbedingungen voll und ganz geschenkten Heils.

15 *G. Sheehy*, Pathfinders, New York 1981, S. 9, zit. n. G. Moran, a.a.O., S. 4.

»Reife« liegen, die am Ende des Lebens winkt. Auch Martin Luther spricht vom Fortschreiten (»profectus«) und Wachsen des Glaubens.[16] Das Leben des Christen ist ein »Weg«[17], auf dem Stehenbleiben Rückschritt bedeutet.[18] Aber trotzdem hat Luther daraus nicht eine Vorstellung abgeleitet, die das Fortschreiten auf die verschiedenen Lebensalter oder -phasen bezieht. Nicht eine lebenszeitlich artikulierte Glaubensbiographie steht ihm vor Augen, sondern das tägliche Ringen mit Gott, der tägliche Glaubenskampf. Es geht darum, immer von neuem anzufangen –, und *so* schreitet der Christ in seinem Leben fort: ein Fortschreiten gleichsam ›auf der Stelle‹, tägliche Umkehr zu Gott und Aufrichtung durch Gott.

Liegt damit die gottgewollte Lebenserfüllung stets in zeitlich weiter Ferne? Davon kann keine Rede sein. Es wird ja an jedem Tag die *ganze* neue Gerechtigkeit in Christus geschenkt.

»All Morgen ist ganz frisch und neu
des Herren Gnad und große Treu...« (EKG 336)

Im Lichte der Sicht Luthers ist vielmehr umgekehrt unsere moderne Auffassung der Gefahr ausgesetzt, Gottes jetzt schon in der Gegenwart ergehende reiche Gnade zu verkürzen. Es droht die ganz unevangelische Auffassung, als führten erst »Wachstum« und »Reifung« am Ende des Lebenslaufs voll zum Glauben.

Trotzdem finden wir überraschenderweise gleichzeitig bei Luther auch die Rede von *»Graden«* bzw. *»Stufen«* des Glau-

16 Vgl. *R. Prenter,* Luthers Lehre von der Heiligung, in: V. Vatja (Hg.), Lutherforschung heute, Berlin 1958; *M. Schloenbach,* Heiligung als Fortschreiten und Wachstum des Glaubens in Luthers Theologie, Helsinki 1963 (SLAG 13).

17 Grundsätzlich gilt: »...vita christiana non stet in esse, sed in fieri...« (WA 57, 102, 16f, Galaterbriefvorlesung).

18 »...sed quia stare in via Dei, hoc est retrocedere, et proficere, hoc est semper a novo incipere« (Fi II, 307, 2, zit. n. R. Prenter, a.a.O., S. 71).

bens. Im »Sermon von den guten Werken« von 1520 ist von drei »Graden« die Rede.[19] Gemeint ist ein Wachsen des Glaubens in die Tiefe des Glaubensgeheimnisses hinein, ein Weg ›nach oben‹ auf dem Weg ›durch die Tiefe‹ als ein Weg ›nach unten‹. Was die »Grade« oder »Stufen« voneinander unterscheidet, ist, daß der Glaube unterschiedlich angefochten und darum entsprechend unterschiedlich schwach und stark sein kann. Das Maß ist die Kraft, Gott trotz allem dennoch vertrauen zu können. Dies ist das Unterscheidungskriterium. Luthers »Stufen« sind *Grade (Stufen) der Anfechtung und Bewährung* und in der Sprache der Psalmen zu buchstabieren.

»Aus der Tiefe rufe ich, Herr, zu dir.
Herr, höre meine Stimme!« (Ps 130,1.2).

Auf einer *ersten Stufe* befindet sich der Glaube, wenn der Mensch in seinem Alltag guter Dinge sein kann. Wie er sich der Liebe seines Ehepartners »zuversichtlich« gewiß ist, so verdeutlicht es Luther, und er daher das Große und Kleine, das Leichte und Schwere gleich gern erledigt, so lebt er auch in »Zuversicht zu Gott« und »vermag alles, wagt sich an alles, was auch zu tun ist, und tut alles fröhlich und frei ...«[20]. In dieser Situation ist der Glaube freilich noch nicht sonderlich auf die Probe gestellt und daher »noch gering und schwach«.[21]

Was aber, wenn es den Menschen »übel geht an Leib, Gut, Ehre, Freunden oder was sie sonst haben«, fragt Luther, bleibt auch dann noch ihr Glaube eine »gute Zuversicht«? (ebd.). Was, wenn Krankheit, Schmerzen, früher Tod der

19 Calwer Luther-Ausgabe, Bd. 3 (= GTB 403), S. 116–119 (vgl. WA 6, 208, 30f, 34; 209, 4f).
20 Calwer Ausgabe, S. 117.
21 A.a.O., S. 118.

nächsten Freunde oder Verwandten, Arbeitslosigkeit, Armut, mangelnde Zukunftsperspektiven, Einsamkeit und Schwermut einen niederdrücken? Jetzt ist Gott »verborgen«. Nun sind wir von ihm wie durch eine »Wand«, eine »Mauer« getrennt. Er steht draußen, außerhalb des Menschenhauses. Nun ist es eine »Kunst«, sich dennoch auf Gott zu verlassen und daran festzuhalten, daß er wirklich da und »bereit« ist, »in Gnaden zu helfen«: »Durch die Fenster des dunkeln Glaubens läßt er sich sehen« (ebd.). Auf dieser *zweiten Stufe* geht es um die Bewährung des Glaubens angesichts der *Verborgenheit Gottes im menschlichen Leiden.*

Schon zwischen den Leiden und Werken (Bewährungen) der zweiten und ersten Stufe liegt nach Luther »ein unermeßlicher Unterschied« im Wachstum des Glaubens (wörtlich: »der besserung«)[22]. Um wieviel mehr gilt dies für die *dritte Stufe*, die *»höchste«*, »wenn Gott nicht mit zeitlichem Leiden, sondern mit dem Tode, mit Hölle und Sünde das Gewissen straft und gleichsam seine Gnade und Barmherzigkeit aufkündigt, als wollte er auf ewig verdammen und zürnen. Das erfahren freilich nur wenige Menschen«[23]. »Hier zu glauben, daß Gott ein gnädiges Wohlgefallen an uns habe, ist das höchste Werk, das von und in einem Geschöpf geschehen kann« (ebd.). Auf dieser Stufe erscheint mir Gott, als wäre er mein Feind. Gottes Verborgenheit im menschlichen Leiden wird überboten durch die Angst, Gott überhaupt mitsamt seiner liebenden Barmherzigkeit zu verlieren. Die dritte Stufe ist die Anfechtung und Bewährung des Glaubens angesichts der vermeintlich sich vollziehenden *endgültigen Abkehr Gottes vom Menschen* bzw. der vermeintlich endgültigen Preisgabe des Menschen auf Grund von Gottes Zorn.

Diese letzte Anfechtung, so Luther, »erfahren nur wenige Menschen«. Anders die Zweifel angesichts des Leidenmüs-

22 A.a.O., S. 119.
23 A.a.O., S. 119.

sens, der Ungerechtigkeit, der Sinnlosigkeit; sie sind heute so belastend wie damals; hier hat sich nichts geändert. Wie sagte noch jener Jugendliche, woran er beim Wort »Gott« denke?

»An die Dritte Welt. Die Ungerechtigkeit ... An seine ungerechte Strafe die er uns auferlegt hat. Sein seltsamer Weg zum Frieden«. Wie »Glauben Ohne Tödliche Thesen«? (vgl. oben S. 69f.).

Jetzt rücken plötzlich Erwachsene und junge Menschen eng zusammen. In diesen gemeinsamen Fragen können und sollten sie sich finden und gemeinsam Antwort suchen. Hier schwindet der Abstand ebenso dahin wie das Gefälle. Hier kann nicht mehr der Erwachsene ›oben‹ den Jugendlichen ›unten‹ belehren. »Der Erzieher steht jetzt mit in der Not, die er in der Umfassung erfährt«, wie Martin Buber schon vor 60 Jahren diese Situation unübertroffen gedeutet hat, »nur ein Stück Wegs tiefer in sie hinein. Er steht mit, nur ein Stück Wegs weiter aufwärts, im Dienst, zu dem er sprachlos aufruft, in der imitatio Dei absconditi sed non ignoti«[24] – in der Nachahmung des verborgenen, aber nicht unbekannten Gottes.

Pädagogisch ergibt sich zweierlei. Erstens ist deutlich, daß in dieser Lage die Weitergabe des christlichen Glaubens an die junge Generation nicht die Übergabe eines Pakets von Wahrheiten von Besitzenden an Nichtbesitzende ist. Sie ist keine theologisch wortreiche Angelegenheit mehr, sondern verdichtet sich – »sprachlos« geworden – oft nur noch im knappsten Zuspruch. Manches kann man von einer Religion durch Wissensvermittlung lernen. Hier dagegen ist gefragt, ob man sich gegenseitig in ehrlicher Weise an der Not des Glaubens und am Bestehen der Not im neugewonnenen Vertrauen teil-

24 *M. Buber*, Über das Erzieherische (1925), in: ders., Reden über Erziehung, Heidelberg 1960, S. 47.

nehmen läßt und dabei lernt, daß, mit Johann Amos Comenius, Gott der »einzige, ewige Lehrmeister« ist.[25]
Luthers Sicht liegt quer zu den geläufigen Vorstellungen einer allgemeinen psychologischen »Theorie der Glaubensentwicklung« im Erwachsenenalter. Sie verweist statt dessen auf eine »Theologie der Glaubensgeschichte« als Lebensgeschichte mit Gott und Gottes Lerngeschichte mit uns. Was wir zuletzt vor Augen führen mußten, sperrt sich damit zweitens auch gegen eine (religions)pädagogische Methodisierung. Stufen der Anfechtung eignen sich nicht für religiöse Erziehungsprogramme, auch nicht für religiöse Selbsterziehung. Jede Religionspädagogik, die das gelebte und erlittene Leben nicht mit der begrenzten pädagogischen Aufgabe verwechselt, wird sich dies verbieten. Worauf es auf den sogenannten »höheren« Stufen angesichts der Beziehung zum lebendigen Gott geht, widerfährt einem, und man hat es zu fürchten. Luther zitiert an der Stelle einen Bußpsalm:

»Herr, strafe mich nicht in deinem Grimm« (Ps 6,1).

5. Gott – Vater des Lichts und der Weisheit des Alters

Dennoch hat in der Reformation fast gleichzeitig das Nachdenken über die Glaubensgeschichte in ihrer *zeitlichen Erstreckung* begonnen. Während Luther aus seinem *soteriologischen* und *seelsorgerlichen* Interesse an Heilsgewißheit die Vorstellung von Graden bzw. Stufen auf die tägliche Buße und die tägliche Vergebung bezog, hat die reformierte Tradi-

25 *J. A. Comenius*, Pampaedia. Lateinischer Text und deutsche Übersetzung, hg. von D. Tschižewskij in Gemeinschaft mit H. Geissler u. K. Schaller, Heidelberg ²1965 (Pädagogische Forschungen. Veröffentlichungen des Comenius-Instituts, Bd. 5), S. 451.

tion den Gedanken des Fortschreitens auf das *christliche Leben* angewendet und viel stärker *ethisch* und *pädagogisch* entfaltet. Auf der Grundlage der reformierten Lehre von der Erwählung und Verwerfung wurde die Erwählungs- und Heilsgewißheit (auch) über die sichtbaren Früchte christlicher Lebensdisziplinierung angestrebt.

Mit dem gelebten Leben als *Folge* von Akten pädagogischer Anstrengung und sittlicher Bemühung aber öffnete sich der Blick auf den Lebenslauf als Lauf ›nach vorn‹ und auf diese Weise ›nach oben‹ (gegenüber Luthers Weg ›nach innen‹ im Sinne von ›nach unten‹ und dadurch ›nach oben‹). Jetzt legte sich auch die Metaphorik des Lebens als Schule nah: Der Christ muß nach Calvin sein ganzes Leben lang Schüler in der Schule Gottes bleiben.[26] Waren bei Luther die »Stufen« des Glaubens gleichsam »Intensitätsstufen«, werden sie erst jetzt zu »Zeitstufen«. Die Vorstellung biographischen Bewußtseins im Sinne moderner lebensgeschichtlicher Verantwortung bahnt sich an. Reformierte »Lebenslauftheologie« weist deutlicher auf das gegenwärtige Denken in zeitlichen Entwicklungskategorien voraus als Luthers Auffassung.

Ein Jahrhundert nach Calvin hat Johann Amos Comenius das umrissene Grundmodell, das Leben als Schule, Wachstum und Fortschritt in zeitlicher Erstreckung, ausdrücklich und ausführlich mit einer groß angelegten Deutung der *Lebensalter* verbunden und zugleich den Gedanken des Fortschreitens als umfassend gedachte »emendatio« über die individuelle Vervollkommnung des christlichen Lebens hinaus auf alle Lebensverhältnisse ausgeweitet. In seinem siebenteiligen pansophischen Hauptwerk »De rerum humanarum emendatione consultatio catholica« (»Allgemeine Beratung über die Verbesserung der dem Menschen aufgetragenen Dinge«) ist die Bildungslehre, die Pampaedia, das vierte Teilstück, das ge-

26 Vgl. *A. Göhler*, Calvins Lehre von der Heiligung, München 1934.

nau die Mitte des Ganzen ausmacht.[26] Comenius ist in seinem Glauben davon überzeugt, daß die Bestimmung des Universums darin liegt, als geordnete Gotteswelt, die einst aus Gott hervorgegangen ist und sich dann sündhaft von Gott entfernt hat, durch Christi Heilstat und die Mitwirkung der Christen zu Gott zurückzukehren.

Der Erwachsene auf seinem Lebensweg als *mitverantwortlich tätiges Geschöpf Gottes*, mitverantwortlich nicht zuletzt für die Herbeiführung eines die zerstrittene Christenheit und die zertrennten Völker wieder zusammenführenden *allgemeinen Friedens* – das war die Vision des letzten Bischofs der böhmischen Brüder im grauenhaft geprüften Europa des Dreißigjährigen Krieges in der Mitte des 17. Jahrhunderts.[28] Heute teilen besonders junge Menschen diese Vision mit Comenius mehr denn je, und für viele gehört sie zu ihrer Lebensgeschichte mit Gott hinzu.

Eine Lieblingsmetapher bei Comenius ist die des »Lichts«. Sie hat mit Wissen und Erkenntnis zu tun. Es ist dem Menschen aufgetragen, in der *Erkenntnis Gottes* als des *»Vaters des Lichts«* zu wachsen und weise zu werden, endlich vernünftig. Wir sollen uns als »Spiegel« so aufstellen, so unser Erkennen und Handeln ausrichten, so, modern gesprochen,

27 Zur Gesamtwürdigung vgl. *K. Schaller*, Die Pädagogik des Johann Amos Comenius und die Anfänge des pädagogischen Realismus im 17. Jahrhundert, Heidelberg ²1967 (Pädagogische Forschungen. Veröffentlichungen des Comenius-Instituts, Bd. 21). Zur gegenwartsbezogenen Würdigung und zum Vergleich zwischen Comenius und Luther vgl. *K. E. Nipkow*, Bildung – Glaube – Aufklärung. Zur Bedeutung von Luther und Comenius für die Bildungsaufgaben der Gegenwart, Konstanz 1986 (KThR 2).

28 Vgl.K. Schaller, Die Bemühungen des Johann Amos Comenius um den Weltfrieden, in: Dienst für Kirche und Schule. FS Edgar Boué, hg. von A. Bach, Dortmund 1968; vgl. lauch *ders.*, ... auf daß sie aufhören, Krieg zu führen – der »Engel des Friedens« des J. A. Comenius, in: K. Schaller u. a., Jan Amos Komensky: Wirkung eines Werkes nach drei Jahrhunderten, Heidelberg 1970, S. 93–103 (Pädagogische Forschungen. Veröffentlichungen des Comenius-Instituts, Bd. 46).

auch Wissenschaft treiben, daß der den Dingen von Gott eingestiftete Sinn, daß sein Licht in uns und durch uns widergespiegelt wird: »... nur dann, wenn das Wissen in der Lichtbrücke Gottes steht, ist es überhaupt als wirkliches Wissen möglich.«[29]

Wirkliches Wissen wird seit altersher Weisheit genannt. Glaube an Gott als Gottvertrauen ist nicht an Alter und Erfahrung gebunden, wohl aber Glaube als Erkenntnis Gottes, als Weisheit. Für Comenius ist sie dort zu finden, wo sich die Menschen trotz ihres beschränkten Lebenskreises der *Mitverantwortung für das »Ganze« der Welt* bewußt sind als des *»Gartens Gottes«*. Zweifellos gehört darum zum Wachsen des Glaubens im Lebenslauf auch die wachsende Klarheit der ethischen Verantwortung als Ausdruck des Glaubens.

Comenius unterschied acht Lebensalter. Sie reichen von der Lebensphase bzw. »Schule« des »vorgeburtlichen Werdens« bis zur *Schule des Greisenalters«* als dem »Gipfel der menschlichen Weisheit« oder der »Erfüllung (fruitio) des Lebens«[30]. Er teilt dies letzte Lebensalter noch einmal dreifach ein, in die Zeit des »rüstigen Greisentums«, des »hohen Alters« und des »hinfälligen Alters«. »Zur Altersweisheit gehört ... ein nüchternes Denken«[31], d.h., die Kunst, zwischen dem weniger und dem wirklich Wichtigen unterscheiden zu können. Müßten nicht einen wenigstens die Erfahrungen des Alters gelehrt haben, das, was nach Gottes Willen und menschlicher Vernunft gut ist, zu erkennen und zu beherzigen? Gilt dies nicht besonders für das allgemeine Wohl, für die im weitesten Sinne politische Verantwortung?

Die letzte Schule ist »die *Schule des Todes«*[32]. Doch schon vor ihr wird deutlich: Christliche Erziehung und Lebensführung

29 K. Schaller, Die Pädagogik des Johann Amos Comenius, a.a.O., S. 46.
30 Pampaedia, a.a.O., S. 419.
31 A.a.O., S. 439.
32 A.a.O., S. 447.

hat nach Comenius bereits viel früher beides zu verbinden: recht leben und recht sterben zu lehren im Angesicht des ewigen Lebens.[33]

»Vom Beginn deines Lebens an denke an den Tod. Solange du lebst, lebe wie auf der Schwelle des Todes, damit du wie auf der Schwelle zum Leben stirbst, wenn es dir zu sterben bestimmt ist.«[34]

6. Gott – der Autor meiner Lebensgeschichte

Wer führt unser Leben? Wer schreibt unsere Biographie? Was zeigt sich, wenn das geistige Auge den Lebenslauf rückblickend zusammenfaßt? Haben uns nicht vor allem äußere gesellschaftliche Lebensumstände geprägt? Wo haben wir selbst unser Leben in die Hand nehmen können? Oder hat in allem doch Gott es geführt?
Mit Recht wird noch nicht dem 16. Jahrhundert, dem Reformationszeitalter, und auch nicht dem 17. Jahrhundert, dem des Comenius, sondern dem Pietismus im Übergang zum 18. Jahrhundert die Entdeckung jener religiösen Selbständigkeit und menschlichen Individualität zugeschrieben, die eine epochemachende Aufmerksamkeit auf die eigene Biographie im neuzeitlichen Sinne zur Folge haben sollte. Johann Georg Hamann steht dabei an der Schwelle der Zeiten. Er lebt von 1733–1788 in einem Zeitalter, in dem die Menschen schrittweise lernen, sich geschichtlich zu begreifen: Das Leben ist unausweichlich geschichtlich-gesellschaftlich bedingt, und zugleich sind wir selbst für unser Leben voll verantwortlich. Es ist bezeichnend, daß für Hamann dennoch gleichzeitig,

33 A.a.O., S. 373, 425 (in Aufnahme Senecas) und 427 (in Aufnahme Platons).
34 A.a.O., S. 411.

und zwar im wörtlichen Sinne verstanden, Gott der „Autor" seiner Lebensgeschichte bleibt. Hierbei verschränkt sich Gottes Autorschaft in Hamanns eigenem Lebenslauf mit Gott als „Schriftsteller", als „Poet", der in die Geschichte des Volkes Israel hineingesprochen, sie gleichsam verfaßt hat, der mit diesem Volk und verborgen unter der Knechtsgestalt Jesu seine Heilsgeschichte in die Menschheitsgeschichte hineingeschrieben hat, von woher sich nun auch das Buch der Natur und das Buch der übrigen Geschichte aufschließen. Mit dieser Verschränkung wird jede individualistische Verengung einer Betrachtung des Lebenslaufs aufgesprengt – eine wichtige abschließende Perspektive, die die ungeschichtlichen Züge der modernen Theorien zur Glaubensentwicklung überwindet.[35] Hamann erfuhr 1758 eine Bekehrung, eine Lebenswende, über die er sich im selben Jahr in seinen »Gedanken über meinen Lebenslauf« Rechenschaft abgegeben hat.[36] An diesem nicht für die Öffentlichkeit gedachten Schriftstück wird deutlich, wie Hamann seine persönliche Umkehr und Lebenserneuerung an den in der Bibel erzählten Geschichten abzulesen vermochte, in die sich Gott hineinbegeben hat.

»Ich erkannte meine eigenen Verbrechen in der Geschichte des jüdischen Volkes, ich las meinen eigenen Lebenslauf, und dankte Gott für seine Langmut mit diesem seinem Volk, weil

35 F. Osers Theorie zur Entwicklung des religiösen Denkens ist wie L. Kohlbergs Theorie zur Entwicklung des moralischen Urteils an strukturellen Formen von Religion oder Moral interessiert. Die inhaltliche Fülle und Bestimmtheit des geschichtlichen Lebens ist nicht Gegenstand. Auch J. W. Fowlers Theorie der Glaubensentwicklung legt in einer im ganzen eher ungeschichtlichen Betrachtungsweise »Strukturmerkmale« zugrunde; in anderer Hinsicht kommt es Fowler jedoch sehr auf die Beziehungen zwischen der individuellen Glaubensgeschichte und den klassischen, spezifischen »Meistergeschichten« (»master stories«) der konkreten Religion an.

36 Das Folgende in dankbarer Anlehnung an *O. Bayer*s aufschlußreiche Analyse in seinem Aufsatz: Wer bin ich? Gott als Autor meiner Lebensgeschichte, in Theol. Beitr. 11 (1980), 6, S. 245–261, hier bes. S. 248ff.

nichts als ein solches Beispiel mich zu einer gleichen Hoffnung berechtigen konnte...«[37]

Mit solchen Sätzen gerät jeder deutsche Leser heute unmittelbar vor die schwere Frage, ob und wieweit unsere Geschichte in diesem Jahrhundert zu eigener Lebensumkehr veranlaßt hat. Wie muß sie von Gott her gelesen werden? Gesellschaftsgeschichte und individuelle Lebensgeschichte sind unentrinnbar ineinander verstrickt, ob wir es wahrhaben wollen oder nicht.

Es wird ferner sofort deutlich, daß Bekehrung als Lebensumkehr nicht pietistisches Sondergut innerhalb des christlichen Lebens- und Glaubensverständnisses ist. Keine lebenslauforientierte pädagogische und theologische Betrachtung wird daran vorbeisehen können, daß für die menschlichen Lebenslinien nicht nur Metaphern der Kontinuität gelten – Wachstum, Reifung, Entwicklung –, sondern auch solche der Diskontinuität, der Krise und des Scheiterns – Sturz in den Abgrund, Aufgefangenwerden, Wiedergeburt.

Schließlich wird sichtbar, wie sehr der Einblick in die Verflechtungen zwischen eigener Lebensgeschichte, Gesellschaftsgeschichte und Menschheitsgeschichte – mit ungewisser Zukunft – nicht nur Hoffnung, sondern auch Verzweiflung zur Folge haben kann. Hamann las letztlich aus allem die „Langmut" Gottes als Quelle der „Hoffnung" heraus, Gottes Liebe.

Jedes Leben ist individuell, und jedes ist unabschließbar.[38]. Es ist gut, daß wir unser Leben zwar verantwortlich selbst zu führen haben, es aber nicht abzuschließen brauchen. Gott,

37 *J. G. Hamann*, Sämtl. Werke, hg. v. J. Nadler, 6 Bde., 1949–1957, hier Bd. II, S. 40.

38 Vgl. hierzu *H. Luther*, Identität und Fragment – praktisch-theologische Überlegungen zur Unabschließbarkeit von Bildungsprozessen, in: Theol. Prakt. 20 (1985), S. 317–338.

der Autor unseres Lebenslaufs, wird das letzte Kapitel schreiben. Beides hat auch der umnachtete Hölderlin im Turm über dem Neckar in Tübingen gewußt, als er Zimmern die Verse widmete:

»Die Linien des Lebens sind verschieden
wie Wege sind, und wie der Berge Grenzen.
Was hier wir sind, kann dort ein Gott ergänzen
mit Harmonien und ewigem Lohn und Frieden.«

KAISER TASCHENBÜCHER

1 Helmut Gollwitzer, Gebete, 91 Seiten, kart. ISBN 3-459-01670-1

2 Gerhard von Rad, Theologie des Alten Testaments, Bd. 1: Die Theologie der geschichtlichen Überlieferungen Israels, 512 Seiten, kart. ISBN 3-459-01673-6

3 Gerhard von Rad, Theologie des Alten Testaments, Bd. 2: Die Theologie der prophetischen Überlieferungen Israels, 480 Seiten, kart. ISBN 3-459-01674-4

4 Erasmus von Rotterdam, „Süß scheint der Krieg den Unerfahrenen", übersetzt, kommentiert und herausgegeben von Brigitte Hannemann, 202 Seiten, kart. ISBN 3-459-01669-8

5 Gerty Spies, Im Staub gefunden, Gedichte, 96 Seiten, kart. ISBN 3-459-01668-X

6 Karl Ernst Nipkow, Erwachsenwerden ohne Gott? Gotteserfahrung im Lebenslauf, 115 Seitem, kart. ISBN 3-459-01672-8

7 Manfred Josuttis, Der Kampf des Glaubens im Zeitalter der Lebensgefahr, 192 Seiten, kart. ISBN 3-459-01671-X

8 Helmut Gollwitzer, Das hohe Lied der Liebe, 64 Seiten, kart. ISBN 3-459-01675-2

9 Hans Frör, Ich will von Gott erzählen wie von einem Menschen, den ich liebe, 76 Seiten, kart. ISBN 3-459-01676-0

10 Dietrich Bonhoeffer, Nachfolge, 320 Seiten, kart. ISBN 3-459-01677-9

11 Dietrich Bonhoeffer, Lesebuch, Herausgegeben von Otto Dudzus, 180 Seiten, kart. ISBN 3-459-01693-0

12 Rudolf Bohren, Heimatkunst, 160 Seiten, kart. ISBN 3-459-01700-7

13 Hans Frör, Spiel und Wechselspiel. Kommunikationsspiele für Gruppen – Material und Methodik, 176 Seiten, kart. ISBN 3-459-01695-7

14 Helmut Gollwitzer, Ich frage nach dem Sinn des Lebens, 80 Seiten, kart. ISBN 3-459-01696-5

15 Helmut Harsch, Alkoholismus, Schritte zur Hilfe, 162 Seiten, kart. ISBN 3-459-01697-3

16 Jürgen Moltmann, Der gekreuzigte Gott, 324 Seiten, kart. ISBN 3-459-01698-1

17 Dietrich Bonhoeffer, Von guten Mächten, 82 Seiten, kart. ISBN 3-459-01694-9

18 Michael von Brück, Einheit der Wirklichkeit. Gott, Gotteserfahrung und Meditation im hinduistisch-christlichen Dialog, 432 Seiten, kart. ISBN 3-459-01699-X

19 Walter J. Hollenweger, Konflikt in Korinth. Memoiren eines alten Mannes, 96 Seiten, kart. ISBN 3-459-01719-8

20 Manfred Josuttis, Der Pfarrer ist anders. Aspekte einer zeitgenössischen Pastoraltheologie, 232 Seiten, kart. ISBN 3-459-01720-1

KAISER TASCHENBÜCHER

21 Eberhard und Renate Bethge (Hg.), Letzte Briefe im Widerstand. Aus dem Kreis der Familie Bonhoeffer. 135 Seiten, kart. ISBN 3-459-01718-X

22 Wolfgang Huber/Heinz E. Tödt, Menschenrechte. Perspektiven einer menschlichen Welt. 244 Seiten, kart. ISBN 3-459-01721-X

23 Wolfgang Huber, Kirche. 240 Seiten, kart. ISBN 3-459-01722-8

24 Gustav W. Heinemann, Es gibt schwierige Vaterländer..., Aufsätze und Reden 1919–1969. Hrsg. von Helmut Lindemann. 390 Seiten, kart. ISBN 3-459-01723-6

25 Manfred Josuttis, Praxis des Evangeliums zwischen Politik und Religion. Grundprobleme der Praktischen Theologie. 272 Seiten, kart. ISBN 3-459-01732-5

26 Jürgen Moltmann (Hg.), Friedenstheologie – Befreiungstheologie. Analysen – Berichte – Meditationen. 147 Seiten, kart. ISBN 3-459-01728-7 (Originalausgabe)

27 Michael Trowitzsch, Die bunte Gnade Gottes. Von der Einbildungskraft des Glaubens. 140 Seiten, kart. ISBN 3-459-01726-0 (Originalausgabe)

28 Hans Joachim Iwand, Frieden mit dem Osten. Texte 1933–1959. Hrsg. von Gerard den Hertog unter Mitarbeit von Klaus Geyer, Jürgen Seim und Dieter Schellong. 280 Seiten, kart. ISBN 3-459-01727-9 (Originalausgabe)

29 Leonore Siegele-Wenschkewitz (Hg.), Verdrängte Vergangenheit, die uns bedrängt. Feministische Theologinnen in der Verantwortung für die Geschichte. 272 Seiten, kart. ISBN 3-459-01730-9 (Originalausgabe)

30 Luise und Willy Schottroff, Die Macht der Auferstehung. Sozialgeschichtliche Bibelauslegungen. 152 Seiten, kart. ISBN 3-459-01725-2 (Originalausgabe)

31 Waldemar Pisarski, Anders trauern – anders leben. 112 Seiten, kart. ISBN 3-459-01733-3

32 Reiner Strunk, Nachfolge Christi. Erinnerung an eine evangelische Provokation. 264 Seiten, kart. ISBN 3-459-01731-7

33 Hans Christoph Piper, Kranksein – Erleben und Lernen. 72 Seiten, kart. ISBN 3-459-01729-5

34 Dietrich Bonhoeffer, Ethik. 412 Seiten, kart. ISBN 3-459-01724-4